Stephan Lange & Colin Barke

Begründet glauben

Stephan Lange & Colin Barke

Begründet glauben

Denkangebote für Skeptiker und Glaubende

neukirchener

MIX
Papier | Fördert gute Waldnutzung
FSC® C014496

Bibliografische Information der Deutschen Nationalbibliothek:
Die Deutsche Nationalbibliothek verzeichnet diese Publikation in der Deutschen Nationalbibliografie; detaillierte bibliografische Daten sind im Internet über http://dnb.d-nb.de abrufbar.

Umschlaggestaltung: Grafikbüro Sonnhüter,
www.grafikbuero-sonnhueter.de unter Verwendung eines Bildes von
© Roman Samborskyi (shutterstock.com)
DTP: Burkhard Lieverkus, Wuppertal
Lektorat: Hauke Burgarth, Pohlheim
Verwendete Schriften: Adobe Garamond, Fira
Gesamtherstellung: GGP Media GmbH, Pößneck
Printed in Germany
ISBN 978-3-7615-7021-0 (Print)
ISBN 978-3-7615-7022-7 (E-Book)

www.neukirchener-verlage.de

Inhalt

Vorwort

Als Professor für Mathematik und Biologie an der Harvard University habe ich mein akademisches Wirken dem Verständnis der komplexen Mechanismen gewidmet, die dem Leben zugrunde liegen. Die Arbeit an der Schnittstelle zwischen Mathematik, Biologie und Evolution hat mir eine tiefe Wertschätzung für die vielschichtigen Systeme verliehen, die nicht nur die Natur, sondern auch menschliche Überzeugungen und Kulturen prägen. Es ist diese Faszination für die tieferen Fragen unserer Existenz, die mich dazu bewegt haben, die neu überarbeitete Auflage von *Begründet glauben. Denkangebote für Skeptiker und Glaubende* zu empfehlen.

Die Kapitel, die Sie gleich entdecken werden, laden auf eine intellektuelle Reise ein, die weit über die Grenzen konventioneller Wissenschaft hinausgeht. Sie konfrontieren uns mit grundlegenden Fragen, die seit Jahrhunderten Philosophen, Theologen und Wissenschaftler beschäftigen: Was ist der Ursprung unserer Existenz? Warum gibt es uns? Wie passen wissenschaftliche Erkenntnisse und theistische Überzeugungen zusammen?

Indem es klassische Einwände gegen den Glauben aufgreift und entkräftet, bietet dieses Buch eine einzigartige

Perspektive, die sowohl Skeptiker als auch Gläubige anspricht. Es lädt dazu ein, vorgefasste Meinungen zu hinterfragen und sich auf eine ehrliche Suche nach der Wahrheit einzulassen. Die Kapitel über die Gründe des Theismus, die beeindruckende historische Begutachtung der ermittelbaren Daten zur Auferstehung Jesu und die Auseinandersetzung mit dem Thema des Leids bieten eine fundierte und dennoch zugängliche Analyse, die Skeptikern einen ernstzunehmenden Anlass bieten, die eigene Weltsicht zu überdenken.

Dieses Buch ist mehr als eine Sammlung von Argumenten für oder gegen eine bestimmte Weltanschauung: Es ist eine Einladung, sich mit den tiefsten Fragen unserer Existenz auseinanderzusetzen und bietet dabei wissenschaftlich fundierte Einsichten sowie persönliche Geschichten, die berühren und inspirieren. Durch die Kombination aus rigoroser wissenschaftlicher Analyse und tiefem menschlichen Einblick schafft es eine Brücke zwischen Glauben und Wissen, zwischen Herz und Verstand.

Ich empfehle dieses Buch allen, die bereit sind, ihre eigene Weltanschauung zu hinterfragen, und die eine tiefere, bereichernde Verbindung zwischen Wissenschaft, Glaube und der menschlichen Erfahrung suchen. Freuen Sie sich, mit beiden Autoren auf eine faszinierende Reise zu gehen.

Martin A. Nowak,
Professor für Mathematik und Biologie,
Harvard University

Einleitung

„Ich würde nie für meine Überzeugungen sterben. Ich könnte mich irren.“
Bertrand Russel, britischer Philosoph und Atheist

Ich mag skeptische Menschen und halte weiterhin nichts von halbgaren Antworten. An dieser Haltung hat sich auch sieben Jahre nach Erscheinen der ersten Auflage dieses Buches nichts geändert. Nach wie vor bin ich davon überzeugt, dass der christliche Glaube kein naiver Blindflug ist, sondern ein begründetes Vertrauen – und guter Hoffnung, dass meine Begründung dafür reifer geworden ist. Geholfen hat mir dabei vor allem der Austausch mit hartnäckigen Kritikern, die mich dankbarerweise angetrieben haben, die klassischen Antworten, die wir Gläubigen manchmal anbieten, weiterzudenken.

Die neuen Gedanken, die in die überarbeitete und erweiterte Version dieses Buches eingeflossen sind, entspringen aber nicht alle meinem eigenen Nachdenken. So klug bin ich nicht. Im Podcast *Glaube ist frag-würdig*, den ich mit meinem geschätzten Freund Colin Barke im Frühjahr 2023 startete, hatte ich die Möglichkeit, mit Christen wie

John Lennox (University of Oxford), Dale Allison (Princeton University), Martin Nowak (Harvard University), Ian Hutchinson (Massachusetts Institute of Technology), Alfred Krabbe (Deutsches SOFIA Institut) oder Heino Falcke (Radboud University) sprechen zu können. Auch von ihnen nehme ich viele wertvolle Gedanken mit.

Da Colins einziger Makel darin besteht, Fan des FC Bayern zu sein,[1] er ansonsten aber ein großartiger Denker ist, fiel es mir nicht schwer, ihn auch für das Überarbeiten von *Begründet glauben* anzufragen. Sein gutes Nach- und Mitdenken hat die Inhalte so bereichert, dass diese erweiterte und überarbeitete Neuauflage auch ihm zu verdanken ist. Dieses Buch ist unser gemeinsames Werk.

Sie brauchen sich aber nach wie vor keine Sorge zu machen. Auch weiterhin wollen wir Ihnen keine Gedanken andrehen wie: „Schauen Sie sich die Natur an, dahinter *muss* ein Schöpfer stecken!“ Oder: „Der christliche Glaube hält so viel Gutes bereit, wie könnte er falsch sein?“ So einfach ist es eben nicht. Und nach wie vor halten Sie kein Buch in den Händen, das skeptische Menschen überzeugen kann, Christin oder Christ zu werden. Weder Menschen noch Menschenwerk schaffen das. Das kann – wenn es ihn denn gibt – nur Gott allein. Das Anliegen dieses Buches ist es daher „nur“, Ihnen gute Gründe zu liefern, dem Gott, der sich uns in Jesus zeigt, eine echte Chance zu geben.

Wir wissen auch, dass ehrliches Engagement nicht vor Fehlern schützt. Lesen Sie unsere Ausführungen daher ger-

---

1 Was er über mich als Schalke-Fan natürlich genauso sagen würde.

ne mit einer kritischen Brille. Skepsis ist nicht nur richtig und wichtig, sondern sogar erlaubt und erwünscht – gerade bei so einem spannenden Thema wie „Gott und Glaube“. Bleiben Sie aber nicht nur kritisch, sondern auch mit Christinnen und Christen Ihres Vertrauens über Ihre Fragen im Gespräch. Falls wir das sein sollten, erreichen Sie uns über WhatsApp (0157 5424 1278) oder E-Mail: *glaubeistfragwuerdig@outlook.de*

Auch wenn wir gemeinsam an diesem Buch gefeilt und unsere Gedanken vereint haben, möchten wir im Weiteren trotzdem das „Ich“ verwenden. Dies entspringt nicht nur der Tatsache, dass unser Blick auf die Themen dieses Buches ohnehin nahezu identisch ist – ein Unterschied wäre kaum zu erkennen –, sondern auch dem Wunsch, eine persönlichere Ansprache zu Ihnen, liebe Leserinnen und Leser, zu haben. Die „Wir-Form“ – so schön sie das gemeinsame Werk unterstreicht – fühlt sich für uns doch etwas zu distanziert an.

Wir hoffen, Sie finden in dieser persönlichen Erzählweise einen angenehmen Wegbegleiter durch die Seiten dieses Buches und freuen uns darauf, Sie auf diese hoffentlich gewinnbringenden Reise mitzunehmen, in der wir von Sozialpsychologie über Philosophie und Astrophysik bis hin zur Geschichtswissenschaft viele spannende Themen streifen. Viel Spaß beim Lesen.

Bielefeld, im Frühjahr 2024
Stephan Lange & Colin Barke

KAPITEL 1:
Für wen dieses Buch nichts ist

Fangen wir einmal groß an. In seinem Buch *Kritik der praktischen Vernunft* schreibt Immanuel Kant: „Ich will, daß ein Gott [...] sei, ich beharre darauf und lasse mir diesen Glauben nicht nehmen."[2] In leicht anderen Worten gesagt: „Ich will, dass Gott existiert."

„Kein Wunder", sagen nun manche. „Wer *will*, dass es Gott gibt, der hat sich schon entschieden, dass er ihn auch finden wird – unabhängig davon, ob er tatsächlich existiert. Aber das Leben ist nun mal kein Wunschkonzert. Unsere Hoffnungen spiegeln nicht immer die Wirklichkeit wider." Vielleicht beruhigt es Sie zu hören, dass ich dieser Skepsis vollkommen zustimme.

Genauso kritisch bin ich, wenn Atheistinnen und Atheisten so reden. Deshalb gleich noch ein zweites Zitat. Es stammt von Thomas Nagel, Professor für Philosophie und Recht an der prestigereichen New York University School of Law und wahrscheinlich einer der klügsten Denker unserer Zeit, der in seinem Buch *Das letzte Wort* schreibt:

---

2 I. Kant (1788/2003): *Kritik der praktischen Vernunft. Philosophische Bibliothek. Bd. 506*. S. 191 f.

> „Ich will, dass der Atheismus wahr ist, und es bereitet mir Unbehagen, dass einige der intelligentesten und am besten unterrichteten Menschen, die ich kenne, im religiösen Sinne gläubig sind. Es ist nicht nur so, dass ich nicht an Gott glaube und natürlich hoffe, mit meiner Ansicht Recht zu behalten, sondern eigentlich geht es um meine Hoffnung, es möge keinen Gott geben! Ich will, dass es keinen Gott gibt; ich will nicht, dass das Universum so beschaffen ist."[3]

Für Nagel wäre dieses Buch vielleicht nichts. Nicht, weil er seinen Inhalt nicht verstehen würde. Natürlich würde er das. Sondern weil er seine Stoßrichtung – so lassen mich seine Worte zumindest vermuten – nicht verstehen *will*. Denn wer *will*, dass der Atheismus wahr ist, der lässt sich meiner Erfahrung nach auch nicht mehr davon abbringen.

Verstehen Sie mich bitte nicht falsch: Ich behaupte nicht, dass Atheistinnen und Atheisten generell distanziert gegenüber dem Thema „Gott und Glaube" sind, weil sie Gott nicht wollen. Dafür kenne ich viel zu viele positive Gegenbeispiele, deren Skepsis sich aus wohlüberlegten und berechtigten Fragen ergibt. Gerade für sie, die an einem echten Dialog interessiert sind und nicht die sture Verteidigung ihres Standpunkts zum Ziel haben, habe ich höchste Sympathie.

Aber ich kenne eben auch die anderen, mit denen es nicht so leicht ist. Und im Dialog mit ihnen merke ich immer wieder, dass das erste – und eigentliche – Hinder-

---

3 T. Nagel (1999): *Das letzte Wort*. S. 191.

nis nicht auf der Sachebene liegt, sondern psychologischer Natur ist. Anders formuliert: Man merkt recht schnell, ob es jemandem um *den Inhalt der* Sache oder um *die Einstellung zur Sache* geht. Carol Travis und Elliot Aronson, zwei angesehene Größen aus dem Bereich der Sozialpsychologie, schreiben in ihrem großartigen Buch *Mistakes Were Made (But Not by Me)* dazu:

> „Wenn eine neue Information mit unseren Überzeugungen übereinstimmt, halten wir sie für fundiert und nützlich: ‚Das habe ich doch schon immer gesagt!' Wenn die neuen Informationen jedoch nicht übereinstimmen, halten wir sie für voreingenommen oder töricht: ‚Was für ein dummes Argument!' Das Bedürfnis nach Übereinstimmung ist so stark, dass Menschen, die gezwungen sind, sich mit widersprüchlichen Argumenten auseinanderzusetzen, einen Weg finden, diese zu kritisieren, zu verzerren oder zu verwerfen, um ihre bestehende Überzeugung aufrechtzuerhalten oder sogar zu stärken. Diese mentale Verzerrung wird als ‚Bestätigungsvoreingenommenheit' [confirmation bias] bezeichnet."[4]

Auch neurologische Studien verdeutlichen, wie herausfordernd es für uns sein kann, einmal etablierte Meinungen zu ändern. Der Psychologe Drew Westen und seine Kollegen von der Emory University stellten fest, dass bei der Konfrontation mit Informationen, die den eigenen Überzeugungen *widersprechen*, die für Logik zuständigen Bereiche

4 C. Travis; E. Aronson (2020): *Mistakes Were Made (But Not by Me). Why We Justify Foolish Beliefs, Bad Decisions, and Hurtful Acts*. S. 23.

des Gehirns nahezu inaktiv werden. Gleichzeitig aktivieren sich die emotionalen Bereiche des Gehirns verstärkt, sobald die Harmonie zwischen Information und persönlicher Überzeugung wiederhergestellt ist.[5]

Und selbst wenn man Informationen liest, die dem eigenen Standpunkt widersprechen, kann man umso überzeugter sein, dass man im Recht ist. Ein klassisches Beispiel aus der Forschung hierfür ist die Arbeit von Lord, Ross und Lepper, die in ihrem berühmten Experiment *Biased Assimilation and Attitude Polarization* Personen auswählten, die die Todesstrafe entweder befürworteten oder sie ablehnten. Man bat beide Gruppen nun, zwei wissenschaftliche, gut dokumentierte Artikel zur Frage zu lesen, ob die Todesstrafe von Gewaltverbrechen abhält. Der eine Artikel kam zu dem Schluss, dass dies der Fall ist, der andere nicht.

Hätten die Personen die Informationen rein rational verarbeitet, hätten sie gemerkt, dass das Thema komplexer ist, als sie bisher dachten, und sich in ihren Ansichten wahrscheinlich angenähert. Die sogenannte Dissonanztheorie, ein etabliertes Konzept in der Sozialpsychologie, sagt aber

---

5 D. Westen et al. (2006): The neural basis of motivated reasoning. In: *The Journal of Cognitive Neuroscience. Vol. 18.* Für weitere Studien, die zeigen, dass die Konfrontation mit dissonanten Informationen zu einer Verringerung der Aktivität in kognitiven Bereichen führt, vgl. z. B. F. Mengarelli et al. (2015): Cathodal tDCS over the left prefrontal cortex diminishes choice-induced preference change. In: *Cerebral cortex. Vol. 25/5.*; M. Colosio et al. (2017): Neural Mechanisms of Cognitive Dissonance. In: *The Journal of Neuroscience. Vol. 37.* S. Walzenbach; T. Hinz (2022): *Jenseits von Fakten und Argumenten. Wie Mehrheitsgesellschaft und „Querdenker"-Bewegung Medieninhalte wahrnehmen.* https://t1p.de/feqkk.

voraus, dass wir – wenn wir es denn wollen – immer einen Weg sehen, anders gerichtete Argumente zu verzerren.

Demnach würden die Personen Gründe finden, den Artikel, der ihre Sichtweise bestätigt, als hervorragend zu preisen. Und den Artikel, der gegen ihre Überzeugung ist, überkritisch zu betrachten. Sie würden darin selbst kleinste Fehler finden und sie als wesentliche Gründe anführen, warum man sich von ihnen nicht beeinflussen lassen sollte. Und genau so kam es. Nicht nur, dass jede Seite versuchte, die Argumente der anderen abzuwerten – jede Seite wurde sogar *noch* engagierter für ihre Sicht der Dinge.[6] Travis und Aronson meinen hierzu:

> „Wenn wir erst einmal in eine Überzeugung investiert und ihre Weisheit begründet haben, ist es buchstäblich harte Arbeit, unsere Meinung zu ändern. Es ist viel einfacher, die neuen Beweise in einen bestehenden Rahmen einzupassen und sich mental zu rechtfertigen, damit sie dort bleiben, als den Rahmen zu ändern. Der Confirmation Bias sorgt sogar dafür, dass keine Beweise bzw. das Fehlen von Beweisen Beweise für das sind, was wir glauben."[7]

So ist auch meine Erfahrung. Menschen haben meist so viel Zeit und Engagement in ihre Überzeugungen investiert, dass dazu eine enorme emotionale Verbindung entstanden

---

6 C. Lord et al. (1979): Biased Assimilation and Attitude Polarization. The Effects of Prior Theories on Subsequently Considered Evidence. In: *Journal of Personality and Social Psychology. Vol. 37.*

7 C. Travis; E. Aronson (2020): Mistakes Were Made (But Not by Me): Why We Justify Foolish Beliefs, Bad Decisions, and Hurtful Acts. S. 28.

ist. Die Folge: Es ist gar nicht mehr so einfach, die jeweilige Überzeugung aufzugeben. Das sehen wir z. B. bei Klimaschutz-, Ernährungs- und Politikdebatten – und eben auch bei Weltanschauungsdebatten. Alles, was die eigene Sichtweise stützt, wird zutiefst gelobt; und alles, was ihr widerspricht, rigoros abgelehnt. Das ist natürlich Gift im Prozess der Wahrheitsfindung. Erstaunlich ist all das nicht, wie die Soziologin Sandra Walzenbach (Universität Konstanz) feststellt:

> „Die Forschung zeigt, dass es [das Problem des Confirmation Bias] ein recht hartnäckiges Phänomen ist. Es kann schwierig sein, etwas zu ändern, selbst wenn Menschen wissen, dass sie gefährdet sind, dem ‚confirmation bias' aufzusitzen. Menschen haben auch einfach gern recht. Manchmal muss man sich aber eingestehen, dass man falsch liegt oder etwas nicht weiß. Auch dass man dazulernt und seine Meinung ändert, ist nicht verwerflich."[8]

Diese Erkenntnis sollten sich einmal Christinnen und Christen zu Herzen nehmen, aber natürlich auch alle anderen: Das Problem der Bestätigungsvoreingenommenheit ist schließlich kein weltanschauliches, sondern ein zutiefst menschliches. Und tückisch ist es obendrein, denn oft fühlen wir uns sehr gut in unserem Denken. Das Problem ist nur, dass wir uns viel zu oft *zuerst* für eine bestimmte Position entscheiden – häufig für die, die uns unsere Prägung

---

8 S. Walzenbach (2023): *„Menschen haben einfach gern recht"*. https://t1p.de/d2cca.

und unser Wunsch nach Anerkennung nahelegen – und *erst dann* Ausschau nach Argumenten für diese Position halten. In den Worten des berühmten Sozialpsychologen Jonathan Haidt: „Die Intuition steht an erster Stelle, das strategische Denken an zweiter."[9]

Meistens fällt uns das gar nicht auf, weil wir uns eh gerne mit Leuten umgeben, die so denken wie wir. Das führt unerfreulicherweise immer wieder zur Tendenz, dass *wir* „die Guten" und Fremdgruppen „die Falschdenker" sind: Zahlreiche Untersuchungen haben ergeben, dass die Menschen ihre eigenen Wahrnehmungen als Resultat unvoreingenommenen Nachdenkens betrachten, während sie denen, die anderer Meinung sind, Voreingenommenheit unterstellen. Aufgrund dieser psychologischen Tendenz tun wir anderslautende Überzeugungen gerne als das Ergebnis von Voreingenommenheit oder Unwissenheit ab, anstatt sie als Chance zu begreifen, neue Informationen zu erhalten, Überzeugungen zu aktualisieren und neue Informationen zu lernen.[10]

Durch den Prozess der Gruppenpolarisation, der auftritt, wenn wir in unserer Gruppe Argumente austauschen, wird unsere ursprüngliche Denkweise noch zusätzlich verstärkt.[11] Und fehlt es uns selbst einmal an Erklärungen, gibt es bei

---

9 J. Haidt (2013): *The Righteous Mind. Why Good People are Divided by Politics and Religion.* S. 2.

10 Vgl. z. B. N. Cheek; E. Pronin (2022): I'm Right, You're Biased. How We Understand Ourselves and Others. In: Ballantyne, N. (Hrsg.): *Reason, Bias, and Inquiry. The Crossroads of Epistemology and Psychology*. S. 56f.

11 Vgl. E. Aronson; T. D. Wilson; S. Sommers ([10]2023): *Sozialpsychologie.* S. 350 ff.

Bedarf immer irgendwen, bei dem wir uns ausgefeiltere Argumente holen können. Ob diese „Experten" vielleicht den gleichen zweifelhaften Weg beschritten haben, bei dem es *zuerst* zur Entscheidung für eine Position und erst *danach* zu deren Rationalisierung kam, wird oft nicht mehr gefragt. Auch diese analoge Filterblase blockiert Wahrheitsfindung.

Dass sich unsere Entscheidungsfähigkeit oft als weniger rational entpuppt, als wir meinen, liegt aber nicht am *Confirmation Bias*, sondern auch am sogenannten *Dunning-Kruger-Effekt*. Er geht auf die Psychologen David Dunning und Justin Kruger zurück, die zeigen, dass wir dann, wenn wir bereits *etwas* Wissen über einen bestimmten Bereich haben, schnell zur Überzeugung tendieren, wir wüssten *vieles*, wenn nicht sogar *alles* über dieses Gebiet.[12]

Das Dilemma: Wir formulieren – ohne dass es uns bewusst ist und geleitet vom Stückwerk unseres Wissens – fehlerhafte Schlussfolgerungen, die wir aber überaus selbstsicher und selbstbewusst vertreten.[13] Denn um zu bemerken, dass wir etwas nicht wissen, müssten wir zunächst genug darüber wissen, um unsere eigene Unwissenheit zu erkennen. Dieses Paradox führt dazu, dass „Etwas-Wisser" ihre ausbaufähigen Kenntnisse fälschlicherweise für ausreichend oder sogar überlegen halten, da ihnen die Basis fehlt, um zu

---

12 D. Dunning; J. Kruger (1999): Unskilled and unaware of it. How difficulties in recognizing one's own incompetence lead to inflated self-assessments. In: *J Pers Soc Psychol. Vol 77/6.*

13 Vgl. D. Dunning; C. Sanchez (2018): Overconfidence Among Beginners. Is a Little Learning a Dangerous Thing? In: *J Pers Soc Psychol. Vol 114/1.*; D. Dunning (2011): The Dunning-Kruger effect. On being ignorant of one's own ignorance. In: *Adv Exp Soc Psychol. Vol. 44.*

verstehen, dass sie irren. Dunning und Kruger schlussfolgern, dass wir so schnell in einen „Teufelskreis der Inkompetenz" geraten. Wir neigen dazu, unsere Kompetenz zu überschätzen und die Kompetenz anderer zu unterschätzen und sehen keine Notwendigkeit, uns über mögliche Ungereimtheiten in unseren Überzeugungen Gedanken zu machen.

Dieses Buch dürfte auch nichts für die sein, die sich stark davon leiten lassen, was andere über sie denken. Mir ist natürlich bewusst und ich kenne es persönlich gut, dass der Konformitätsdruck, dem wir oft unterliegen, eine starke Wirkung hat. Für viele ist es alles andere als leicht, sich dem Druck der Anerkennung zu widersetzen. Neulich sprach ich mit einem jungen Mann, nennen wir ihn Elias, dessen Geschichte genau das zeigte. Elias, einst ein überzeugter Atheist, gab offen zu, dass er viele Jahre lang den christlichen Glauben als großen Unsinn abgetan hatte. Im Laufe der Zeit begann er aber aus verschiedenen Gründen, an seiner Überzeugung zu zweifeln. Er erzählte mir von seinem langen inneren Ringen, einem Prozess des Nachdenkens und Reflektierens, der ihn zu der Einsicht führte, dass am christlichen Glauben wirklich etwas dran sein könnte.

Trotz dieser Erkenntnis zögerte Elias monatelang, den entscheidenden Schritt zu wagen. Er fürchtete sich vor allem vor den Reaktionen seines Freundeskreises: „Was, wenn sie herausfinden, dass ich meine Ansichten geändert habe? Was werden sie über mich denken?", teilte er mir seine Bedenken mit. Diese Angst vor dem Verlust der Anerkennung und davor, wie andere ihn wahrnehmen, lähmte ihn und hielt ihn davon ab, der Spur nachzugehen, die er als richtig erachtet hatte. Die Geschichte von Elias ist ein gutes Beispiel für die Macht des sozialen Drucks und der Furcht vor Ablehnung. Sie zeigt, wie schwer der Konformitätsdruck auf uns liegen kann und uns hindert, gegen die Erwartungen unserer sozialen Kreise zu handeln.

Ich persönlich finde die genannten psychologischen Phänomene sehr spannend – und zugleich alarmierend: Wir sind nicht so rational, wie wir es gerne hätten. Selbstüberwindung und mutige Vorsichtsmaßnahmen sind unvermeidlich. Ein mächtiges Werkzeug zur Selbstreflexion, das ich sehr zu schätzen gelernt habe, ist es, immer wieder den „Devil's Advocate" zu spielen – eine Methode, bei der man aktiv gegensätzliche Standpunkte erkundet und vertritt. Stellen Sie sich z. B. vor, Sie müssten eine Debatte aus der Perspektive der Gegenseite führen. Was wären die stärksten Argumente, die Sie bringen würden? Welche Antworten der Position, die Sie eigentlich vertreten, würden Sie als berechtigt und welche als undurchdacht ansehen?

Um hier auf Ideen zu kommen, lesen Sie vor allem hochwertige Literatur der Gegenseite. Die einen z. B. Bertrand Russels *Warum ich kein Christ bin* und Ansgar Beckermanns *Naturalismus. Entwurf eines wissenschaftlich fundierten Welt- und Menschenbilds*, die anderen C. S. Lewis' *Pardon, ich bin Christ* und John Lennox' *Kosmos ohne Gott? Warum Glaube und Wissenschaft zusammengehören.*[14] Welche der Argumente, die darin vorgestellt werden, sehen Sie als die stärksten an? Welche würden Sie in besagter Debatte Ihrem Gegenüber vorhalten?

Und wahrscheinlich das Wichtigste: Kommen Sie mit Menschen der anderen Seite ins Gespräch – am besten öfters und langfristig. In der Regel kennen wir immer jemanden, den wir für geeignet halten. Wenn in so einem Dialog die Offenheit für Diskussionen über das Stadium eines Lippenbekenntnisses hinausgeht und nicht zu einem unproduktiven Argumentationstennis ausartet, weil Sie und Ihr Gegenüber bereit sind, Ihre Vorangenommenheit kritisch und ehrlich zu überprüfen, ist viel gewonnen. Wenn dazu noch gegenseitiger Respekt und der aufrichtige Wunsch nach Verstehen kommen, herrscht ein ideales Klima für die Suche nach Wahrheit und persönlichem Wachstum.

Wir dürfen uns natürlich nichts vormachen, denn unser Wunsch und Drang, an der Überzeugung festzuhalten, mit der wir persönlich gestartet sind, ist unfassbar stark. Es gehört einiges dazu, überhaupt bereit zu sein, den Verdacht der Voreingenommenheit auch auf sich selbst anzuwenden und das eigene Ausgangsdenken auf den Prüfstand

---

14 Manche meinen, dass Richard Dawkins mit seinem Buch *Der Gotteswahn* eines der schlagkräftigsten Anti-Theismus-Werke verfasst hat. Dagegen spricht aber nicht nur die zahlreiche Kritik von Atheisten wie Michael Ruse, Terry Eagleton, James Orr oder Joachim Kahl, die Dawkins zu Recht unnötige Polemik, Vereinfachung und Selbstüberschätzung vorwerfen. Gerade das neu erschienene Buch „*Coming to Faith Through Dawkins. 12 Essays on the Pathway from New Atheism to Christianity*" zeigt gut auf, wie Dawkins' Reden zu Schlussfolgerungen führen kann, die er wahrscheinlich nicht beabsichtigt hat.

zu stellen. Aber es führt kein Weg daran vorbei: Wer an Wahrheitsfindung interessiert ist, dem bleibt nichts anderes übrig. Für alle, die sich so einen offenen und demütigen Ansatz prinzipiell vorstellen können, mag dieses Buch etwas sein. Alle anderen werden daran keine Freude haben.

KAPITEL 2:
Klassische Einwände

In diesem Kapitel möchte ich gerne einige klassische Einwände diskutieren, von denen ich denke, dass sie den Nerv vieler Menschen treffen. Es ist natürlich nur eine kleine Auswahl – von daher schon jetzt eine herzliche Einladung: Der Podcast *Glaube ist frag-würdig* wurde eigens dafür ins Leben gerufen, weil Glaube eben genau das ist. Er ist es wert, dass man gute Fragen an ihn stellt. Darüber hinaus versteht er sich als kostenloses Denkangebot, kritischen Fragen Raum zu geben. Sollte Ihr Einwand im Weiteren also nicht vorkommen, hören Sie gerne in die bisherigen Folgen rein oder schreiben Sie einfach direkt an: *glaubeistfragwuerdig@outlook.de*

Vielleicht gilt Ihre Vorliebe aber auch gar nicht dem Podcast-Format, sondern dem guten alten Buch – auch kein Problem. Viele berechtigte Einwände, die in diesem Buch aus Platzgründen nicht zu Sprache kommen (z. B. *Die Menschheit hat sich Tausende Götter ausgedacht, um an fast keinen davon zu glauben. Atheistinnen und Atheisten gehen nur einen Schritt weiter* oder *Die Vielzahl der Religionen spricht gegen die Existenz Gottes* oder *Jesus ist bloß eine mythologische Raubkopie* usw.), werden etwa im Buch *Frag los! 50 Antworten für Skeptiker und Glaubende* diskutiert.[15] Und wenn Sie etwas suchen, was auch junge Menschen verstehen können, empfehle ich Ihnen etwa die Kinderbuchreihe *Wie ist Gott? Die Eigenschaften Gottes – erklärt für Kinder.*[16]

Gut, so weit der Werbeblock. Legen wir los. Wie bei vielem ist es natürlich auch beim Thema „Gott und Glaube" gut, wenn wir zunächst einmal unseren mentalen Schreibtisch aufräumen und uns klar machen, worüber wir eigentlich reden. Oder genauer gefragt: Was meinen Theistinnen und Theisten eigentlich, wenn sie von „Gott" sprechen? Eine für viele grundlegende Definition Gottes in der Geschichte der Theologie und Religionsphilosophie stammt von Anselm von Canterbury, einem der herausragenden Denker des Mittelalters. In seinem vielgelesenen Werk *Proslogion* schreibt er sinngemäß:

> „Gott ist das in jeder Hinsicht größte vorstellbare Wesen. Wenn wir von etwas noch größer als von Gott denken können, ist *das* Gott." *(id quo nihil maius cogitari potest)*[17]

Anselms Ausführungen werden heute von intellektuellen Schwergewichten wie Alvin Plantinga (University of Notre Dame) oder Richard Swinburne (University of Oxford) weitergeführt, wenn sie Gott als einen Handelnden beschreiben, der allmächtig, allwissend, allliebend, unendlich

---

15 Das Inhaltsverzeichnis des Buches können Sie z. B. hier einsehen: https://t1p.de/s7xkd.

16 Hier finden Sie einen Überblick mit Erklärtexten zur Buchreihe: https://t1p.de/pgs5d.

17 A. v. Canterbury (2005): *Proslogion/Anrede. Lateinisch/Deutsch*. Kap. 2.3.

gut, unendlich heilig, unendlich gerecht, vollkommen ungebunden (d. h. ohne Körper und ohne Raum-Zeit-Stelle) und Schöpfer aller Dinge ist. [18]

Genau an dieser Stelle bedarf es eines wichtigen Exkurses. Es gibt nämlich immer wieder Leute, die sagen: „Die Gottesidee ist klar zum Scheitern verurteilt. Ein *allmächtiges* Wesen kann gar nicht existieren." Gezeigt werden soll das mit Fragen wie dieser hier: „Kann Gott einen Stein erschaffen, der so schwer ist, dass er ihn selbst nicht heben kann? Wenn er es kann, ist er nicht allmächtig. Und wenn er es nicht kann, erst recht nicht." Fragen dieses Formats klingen erst einmal schlüssig und entlarvend – bis man sie auf ihren Kern reduziert: „Kann Gott etwas, das er nicht kann?" Sie merken, wie einen die Unlogik förmlich anspringt.

Und auch bei Fragen wie „Kann Gott ein rundes Quadrat erschaffen?" sieht es nicht besser aus. Wo genau der Hase im Pfeffer liegt, bringt der irische Schriftsteller C. S. Lewis treffend auf den Punkt:

> „Sinnlose Wortverbindungen werden nicht plötzlich dadurch sinnvoll, daß wir ihnen die beiden Worte ‚Gott kann' voranstellen. Es bleibt wahr, daß alle Dinge bei Gott möglich sind; das innerlich Unmögliche aber ist nicht ein Ding, sondern ein Nichts. Es ist für Gott genauso wenig möglich wie für das schwächste Seiner Geschöpfe, von zwei einander ausschließenden Alternativen beide zu verwirklichen; nicht weil Seine

---

18 Vgl. R. Swinburne (1979): *Die Existenz Gottes*. S. 17.; A. Plantinga (1974): *The Nature of Necessity*. S. 213.

Macht behindert wäre, sondern weil Unsinn eben Unsinn bleibt, selbst wenn er von Gott handelt."[19]

Wir sehen: Weder das runde Quadrat noch der erwähnte Stein sind bei genauerem Nachdenken wirkliche „Dinge". Sie sind eine bloße Aneinanderreihung von Wörtern, die inhaltlich keinen Sinn ergeben. Demnach kann ich zwar *aussprechen*, dass es eine *immaterielle Materie* gibt, aber meine Worte sind inhaltlich leer. Eine materielose Materie ist nun einmal ein logischer Widerspruch – und damit ist sogar formal bewiesen, dass sie nicht existieren kann.

Und wenn ich an dieser Stelle kurz als Christ sprechen darf, lässt sich darüber hinaus noch Folgendes anmerken: Wenn aus der Bibel hervorgeht: „Gott ist allmächtig", bedeutet das: Gott ist allmächtig, da er in seinem Handeln keinen äußeren Zwängen unterworfen ist. Dass er nicht lügen kann, hat seine Ursache also nicht darin, dass er einer ihm übergeordneten Macht untersteht, die ihn zur Wahrheit verpflichtet. Nein, das Einzige, was Gott zur Wahrheit verpflichtet, ist er selbst. Es ist in seinem Wesen verankert.

Exemplarisch war dieser Exkurs deshalb, weil er uns Folgendes vor Augen führen sollte: *Jede* kritische Rückfrage an den Glauben ist natürlich erlaubt, nur wohnt nicht jeder die Schlagkraft inne, die viele gerne hätten. Das gilt vor allem für solche, die von einer kindlichen oder klischeehaften Vorstellung von Gott geprägt sind. Dieser Art sind die folgenden Einwände aber nicht.

---

19 C. S. Lewis (2007): *Über den Schmerz.* S. 25.

Einwand 1: „Ich glaube an nichts!"

Ich erinnere mich noch gut an die Zeiten, in denen ich sagte: „Danke, ich glaube an nichts." Woher mein Denken kam, ist einfach zu erklären. Vater meines Gedankens war die Annahme: „Nur die Leute, die von irgendetwas Religiösem oder Mystischem ausgehen, glauben an etwas." Dazu gehörte ich nicht. Der Atheismus war meine Weltanschauung. Damit war die Sache für mich klar.

Mein (erster) Denkfehler war nur, dass der Atheismus gar keine Weltanschauung ist. Dazu macht er einfach zu wenig Aussagen über die Wirklichkeit. Er ist schließlich „nur" eine Verneinung, die sich auf eine einzige Frage konzentriert: *Gibt es eine oder mehrere Gottheiten?* Nach anderen Sachen fragt der Atheismus nicht. Die Antidiskriminierungsstelle des Bundes schreibt daher in einem Übersichtsartikel über Weltsichten völlig richtig: „Eine negative, d. h. nur auf einer Gott, Religion oder weltlichen Sinn verneinenden Position beruhende Weltanschauung, kann keine Weltanschauungsgemeinschaft konstituieren."[20]

Richtig, genau das ist der Punkt. Weil der Atheismus „nur" die Verneinung einer Frage – in diesem Fall nach der Existenz eines höheren Wesens – ist, stellt er keine Weltsicht dar. So eine trifft immer *positive* Aussage über die gesamte Wirklichkeit und gibt Antworten auf unterschiedlichste Fragen: Welche Verantwortung hat der Mensch? Welches

20 T. Heinrichs (2016): *Weltanschauung als Diskriminierungsgrund. Begriffsdimensionen und Diskriminierungsrisiken.* S. 11. https://t1p.de/ojlwf.

Handeln ist moralisch richtig? Gibt es einen Sinn des Lebens? Was ist Freiheit? Was ist der Ursprung des Daseins?

Natürlich haben Atheistinnen und Atheisten Antworten auf solche Fragen. Aber ihre Antworten kommen nicht aus ihrem Atheismus, sondern aus ihrer jeweiligen Weltsicht. *Welche* das genau ist, ist meiner Erfahrung nach vielen nicht bewusst – allein deshalb schon nicht, weil sie gar nicht wissen, „wie die Dinger eigentlich heißen", wie mir jemand mal nach einem Vortrag so schön sagte. Dabei gibt es im Supermarkt der Weltanschauungen einiges an Auswahl. Mit Blick auf die, die sich als Atheistinnen und Atheisten verstehen, gibt es in unseren Breitengerade in der Regel drei favorisierte Weltsichten.

Es gibt solche mit einem *naturalistischen* Weltbild. Was die Beschaffenheit der Wirklichkeit angeht, sagen sie: „Es gibt nur die Natur."[21] Es gibt die mit einem *pantheistischen* Weltbild. Sie sagen, dass das Universum und die Natur göttlich sind und „das Göttliche" nicht als separates Wesen, sondern als das Ganze der Existenz verstanden wird.[22] Es gibt – übrigens nicht wenige – mit einer *panpsychistischen* Weltsicht. Sie sagen, dass in allen Dingen des Universums, auch in unbelebter Materie, Bewusstsein vorhanden ist.[23]

---

21 Vgl. z. B. A. Beckermann (²2021): *Naturalismus. Entwurf eines wissenschaftlich fundierten Welt- und Menschenbilds* oder M. Mahner (2018): *Naturalismus. Die Metaphysik der Wissenschaft.*

22 Vgl. z. B. M. Bollacher (2020): Pantheismus. In: T. Kirchhoff (Hrsg.): *Online Lexikon Naturphilosophie.* https://t1p.de/3hjln oder M. Levine (2014): *Pantheism. A Non-Theistic Concept of Deity.*

23 Vgl. z. B. G. Bruntrup; L. Jaskolla (2016): *Panpsychism. Contemporary Perspectives* oder G. Seager (2021): *The Routledge Handbook of Panpsychism.*

Was es aber nicht gibt, sind Atheistinnen und Atheisten *ohne* Weltbild.

Es würde die Sache nun sehr vereinfachen, wenn man von irgendeiner Weltanschauung sagen könnte: „*Diese* Weltsicht ist die richtige. Es ist bewiesen, dass sie stimmt." Dass so etwas möglich ist, war mein zweiter Denkfehler. Aber so leicht ist es leider nicht. *Keine* Weltansicht ist nachweislich wahr: weder Theismus noch Naturalismus, Pantheismus oder Panpsychismus noch sonst irgendeine Weltanschauung. Jede Weltansicht basiert auf grundlegenden Annahmen über die Beschaffenheit der Wirklichkeit, für die es keine naturwissenschaftlichen Nachweise gibt.

Das heißt also, dass jeder von uns etwas „glaubt", ohne dafür Beweise zu haben. Ein Atheist, der ein naturalistisches Weltbild hat, glaubt, dass ausschließlich die Natur existiert. Ein Atheist mit einer panpsychistischen Weltanschauung glaubt, dass alles, was es im Universum gibt, Bewusstsein hat. Ein Theist glaubt, dass hinter dem Universum ein Schöpfergott steckt. Und so weiter.

Nun war ich schon immer jemand, dem das Thema „Wahrheit und Wahrheitsfindung" sehr wichtig ist. Mir persönlich liegt viel daran, mein Leben mit möglichst viel wahren und möglichst wenig falschen Überzeugungen zu bestücken. Gerade wenn es um das weltanschauliche Betriebssystem geht, das die Weichen für mein ganz persönliches Leben stellt. Meine Erfahrung, wenn ich anderen von diesem Wunsch erzähle, ist, dass er nicht zu Kopfschütteln, sondern zu verständnisvollem Nicken führt.

Ich beobachte aber auch, dass einige das anders sehen – was zweifelslos ihr gutes Recht ist. Für sie ist sind Fragen zum Thema „Weltanschauung“ ein rein theoretisches und total unwichtiges Gedankenspiel. So darf man natürlich denken. Aber das stimmt ja nur dann, *wenn* die eigene Weltsicht stimmt, die einem nahelegt, dass es vielleicht intellektuell reizvoll ist, sich mit so einem Thema auseinanderzusetzen, aber letztendlich egal ist. Demnach verpasst man nichts Wichtiges, wenn man sich nicht damit beschäftigt. Aber genau *das* ist doch die eigentliche Frage.

Als ich nun merkte, dass (erstens) *auch ich* eine Weltsicht hatte und (zweitens) keine Weltsicht von sich sagen konnte, nachweislich wahr zu sein, wurde mir klar: Mein Desinteresse an der Frage, ob das weltanschauliche Fundament, auf dem ich all mein Denken, Entscheiden, Handeln und Hoffen aufbaute, tatsächlich stichhaltig war, konnte ich getrost als „nachlässig“ bezeichnen. Eine falsche Weltsicht führt schließlich unweigerlich zu verkehrten Antworten auf Fragen wie: Wer bin ich? Warum bin ich hier? Gibt es ein Leben nach dem Tod? Was ist Glück und wie erreiche ich es? Was ist Freiheit und wie viel davon habe ich wirklich?

Leider führt kein Weg daran vorbei, dass es falsche Weltanschauungen geben muss. Das sage ich in aller Höflichkeit und Vorsicht, denn so wahr diese Erkenntnis auch ist, so hochnäsig und arrogant kann sie ausgelebt werden. Dabei steht jeder von uns in dieser Gefahr. Jeder von uns denkt von sich, dass seine Sicht stimmt. Wer meint, dass es viele Wahrheiten gibt, grenzt beispielsweise die aus, die den sich selbst widersprechenden Satz sagen: „Es gibt gar keine Wahrheit.“ Und beide Gruppen halten den Standpunkt für falsch, der besagt: „Doch, es gibt Wahrheit, aber nicht mehrere, sondern nur eine.“

Um Ausgrenzungen kommen wir nicht herum. Wir müssen deshalb gut darauf achten, dass wir Inhalte und nicht Menschen ablehnen. Viele denken, dass so eine Trennung nicht möglich sei. Wer Inhalte anfechte, lehne automatisch den dazugehörigen Menschen ab. Ich möchte mich dafür stark machen, dass das problemlos möglich ist! Es ist einer meiner Erfahrungswerte, dass ich einem Menschen in Freundlichkeit, Respekt und Demut begegnen und ihm gleichzeitig zu verstehen geben kann, dass ich die Sache, für die er einsteht, für falsch halte. Mehr dazu in Kapitel 5.

Einwand 2: „Ich will nicht seltsam werden."

Für viele Menschen hat das größte Hindernis, sich überhaupt mit dem christlichen Glauben zu beschäftigen, eine ganz konkrete Gestalt: die Christenheit selbst. Einige kennen aus Erzählungen oder sogar persönlich Christinnen und Christen, die homophob sind. Manche kennen welche, die die Wissenschaft verteufeln. Andere kennen solche, die gerne Moralpolizei spielen. Einige kennen die, die anderen ihren Glauben aufdringlich aufschwatzen wollen. Manche kennen welche, die unkritisch alles glauben, was von der Kanzel gepredigt wird. Andere kennen solche, für die Gleichberechtigung ein Fremdwort ist. Wieder andere kennen Christinnen und Christen, die Missbrauch und Korruption betreiben.

Es gäbe noch mehr zu erzählen, aber ich will es einmal dabei belassen. Und ich verstehe nur zu gut, dass jemand, der von solchen Dingen gehört oder sie sogar selbst erlebt hat, in der Regel sagt: „Stopp! Bevor ich riskiere, jemand zu werden, den ich selbst kaum ertragen kann, halte ich mich lieber fern vom christlichen Glauben." Jemand sagte mal nach einem Vortrag zu mir: „Bevor ich so seltsam werde, gehe ich lieber in die Hölle."

Ich konnte ihm seine Reaktion nicht verübeln. Die genannten Erlebnisse sind schließlich keine Kleinigkeiten. Trotzdem möchte ich Sie bitten, nicht vorschnell aufzugeben und mir etwas Geduld zu schenken. Ich beginne mit dem Thema, das ich gerade skizziert habe. Denn es ist leider ein Erfahrungswert, dass es homophobe Christinnen und Christen gibt, die hier in der Nächstenliebe versagen.

Weil das eine Tatsache ist, erübrigt sich die Frage, *ob* es homosexuell empfindende Menschen gibt, die sagen: „Ich kenne Christinnen und Christen, in deren Nähe ich mich so herabgesetzt fühle, dass ich es keine Sekunde mit ihnen aushalte." Die traurige Antwort ist, dass es solche Menschen gibt. Und ihre Einschätzung der Situation ist berechtigt. Ich möchte daher gerne eine Frage in den Raum stellen, die nicht rhetorisch ist: Gibt es homosexuell empfindende Menschen, die sagen: „Glaube es oder nicht, es gibt Christinnen und Christen, selbst sexualethisch konservativ denkende, mit denen ich eine harmonische Freundschaft pflege." *Das* ist doch die eigentliche Frage und die Antwort darauf ist klar *ja*. Und genau das ist mein Punkt.

Es gibt zuhauf Christinnen und Christen, selbst konservative, die nicht alles naiv abnicken, was von der Kanzel kommt. Die nicht wissenschaftliche Erkenntnisse, sondern Missbrauch und Korruption verteufeln. Gerade dann, wenn diese von Christen kommen. Es gibt auch solche, die nicht durch Ignoranz oder Penetranz auffallen. Oder für die Gleichberechtigung kein Fremdwort ist.[24] Und wenn ich in meinen – wirklich nicht kleinen – christlichen Bekanntenkreis schaue, treffe ich damit die breite Mehrheit. Ja, es gibt auch die anderen. Ich kann das nicht ändern – aber Sie darum bitten, es sich nicht zu leicht zu machen, indem Sie auf die unrühmlichen Beispiele schauen und sagen: „Wenn Christsein zu so etwas führt, will ich damit nichts zu tun haben."

„Aber", könnten Sie nun einhaken, „was, wenn auch *sie* im Sinne des Erfinders handeln? Oder noch schlimmer, wenn gerade *sie* Christsein richtig verstehen, weil sie die Bibel *in ihrer Gesamtheit* wahrnehmen. Die freundlichen Christinnen und Christen picken sich eben nur die schönen Stellen raus." Ich finde diese Sorge völlig in Ordnung. Die darf man haben. Und gerade *weil* viel daran hängt, halte ich es für höchst geboten, ihr auf den Grund zu gehen.

So etwas braucht natürlich Raum – viel mehr Raum, als mir hier zur Verfügung steht. Von daher meine herzliche Einladung an Sie, sich unsere Podcastfolge *„Ich will nicht seltsam werden." Über den Glauben und seine zweifelhaften Vertreter* anzuhören, in der wir genau dieser Sorge nachgehen. Ich bin freilich nicht der Einzige, dem aufgefallen ist,

24 An dieser Stelle der dringende Tipp, das jüngste Buch von Rebecca McLaughlin (2024) zu lesen: *Wie Frauen Jesus sahen. Wie die ersten Jüngerinnen uns helfen, den Herrn kennen und lieben zu lernen.*

dass es ein auffälliges Missverhältnis zwischen Ansehen und Ansinnen des christlichen Glaubens gibt. Ich beende daher keinen Beitrag zu diesem Thema, ohne auf folgendes Buch hingewiesen zu haben: Philip Yanceys *Zurück zur Gnade. Wie wir wiederfinden, was uns verloren gegangen ist.* Ich kenne kein Buch, das den Finger noch klarer in die Wunde legt, die in diesem Kapitel Thema war.

Einwand 3: „Ich brauche Gott nicht, um ..."

Heute wissen wir, dass viele Phänomene, die früher übernatürlichen Kräften zugeschrieben wurden – wie epileptische Anfälle, Naturkatastrophen, bemerkenswerte Zufälle und körperliche Stigmata –, auch ohne Annahme einer göttlichen Intervention gut erklärt werden können. Bedenkt man zudem, dass Wunder in der Vergangenheit oft eingesetzt wurden, um konkurrierende religiöse Ansprüche zu untermauern und dadurch scheinbar gegenseitig zu entkräften, wird die heutige Skepsis umso verständlicher.

Physik, Biologie und Chemie haben uns geholfen, die Welt besser und systematischer zu verstehen – eine Entwicklung, die weiterhin anhält. Für viele ist das Anlass genug, Gott auszublenden. Der Gedanke scheint zu sein: Wenn ich eine Erklärung der Wissenschaft habe, brauche ich die Erklärung „Gott" nicht mehr. Aber hier werden Äpfel mit Birnen verglichen. Warum? Weil sich diese beiden Erklärungen auf vollkommen unterschiedlichen Ebenen befinden. Der Oxford-Mathematiker John Lennox zeigt folgendes Bild zur Verdeutlichung:

„Stellen wir uns einmal vor, Sie stellen die Frage: Warum kocht das Wasser hier? Ich könnte darauf erwidern, dass Wärmeenergie von der Gasflamme durch den Kupferboden des Kessels geleitet wird, welche die Wassermoleküle so stark anregt, dass das Wasser kocht. Oder ich könnte sagen, dass das Wasser kocht, weil ich gern eine Tasse Tee trinken würde. Wir sehen sofort, dass beide Erklärungen gleichermaßen rational sind – sie ergeben beide Sinn –, doch sie unterscheiden sich von Grund auf. Die erste Erklärung ist wissenschaftlicher, die zweite persönlicher Natur – sie sagt etwas über meine Absicht, meinen Willen und meine Wünsche. Darüber hinaus ist offensichtlich, dass die beiden Erklärungen weder in Konflikt miteinander geraten noch miteinander konkurrieren."[25]

Analog könnten wir, wenn wir den Motor eines E-Autos erklären wollen, entweder über die Physik eines Elektromotors oder über Michael Faraday reden. Beide sind notwendig, wenn wir eine ganzheitliche Erklärung zum Thema wollen. Wenn wir dieses Beispiel nun auf das Universum übertragen, könnten wir sagen, dass Gott – wenn es ihn denn gibt – mit der Wissenschaft als Erklärung ebenso wenig konkurriert wie Michael Faraday mit der elektromagnetischen Erklärung eines E-Autos. Gott ist als handelnder Schöpfer eine personale Erklärung des Universums, aber nicht eine wissenschaftliche. Noch einmal Lennox in seinem jüngsten Buch:

---

25 J. C. Lennox ([3]2023): *Wozu Glaube, wenn es Wissenschaft gibt?* S. 18.

> „Ich betrachte die Naturwissenschaft als einen Bestandteil meiner Beziehung zu Gott, der das Universum schuf, das die Naturwissenschaft erforscht, so wie die Musik in die Beziehung eines Musikers zu Gott einfließen kann, der auch ein Künstler ist. Alle wahre Naturwissenschaft ist Gottes Naturwissenschaft, und deshalb gerate ich auf der intellektuellen Ebene in keinen Konflikt. Anders als manche habe ich auch keine Angst vor dem, was die Naturwissenschaft mir zumuten könnte.
>
> Anders ausgedrückt: Gott ist der Gott des Ganzen – sowohl dessen, was die Wissenschaft bereits entdeckt hat, als auch dessen, was sie noch nicht entdeckt hat, und sogar dessen, was sie prinzipiell nicht entdecken kann. Ich empfinde diese Haltung als befreiend für mein Verhältnis zur Wissenschaft: Sie befreit mich insbesondere von der Beschränkung der Wissenschaft auf ein enges naturalistisches Paradigma."[26]

Ich gebe aber offen zu, dass Argumente, die für die Existenz Gottes plädieren, eine Schwachstelle haben. Wenn Christinnen und Christen immer wieder erwähnen, dass etwas am besten (oder gar *nur*) mit der Existenz eines Schöpfers zu erklären ist, kann schnell der Eindruck entstehen, Gott wäre eine Arbeitshypothese zur Welterklärung. Ein gutes Beispiel dafür ist der bekannte Atheist Richard Dawkins, der in einem Interview nach dem Glauben zweier seiner Kollegen aus Oxford bzw. Cambridge befragt wurde.

---

26 J. C. Lennox (2023): *Kosmos ohne Gott? Warum Glaube und Wissenschaft zusammengehören*. S. 440.

„Leute wie Arthur Peacocke und John Polkinghorne – sie sind natürlich keine Kreationisten in irgendeinem einfachen Sinne – sind keine Fundamentalisten, sie sind nicht dumm. Habe ich also mehr Respekt vor ihnen? Nun, in einer Hinsicht natürlich schon, denn mit ihnen könnte man wirklich ein intelligentes Gespräch führen – sie sind nicht ignorant. Andererseits kann ich nicht verstehen, warum sie das tun. Ich meine, ich verstehe nicht, was sie ihrem Leben oder dem Schatz der menschlichen Weisheit hinzufügen, indem sie diese zusätzliche Dimension der Erklärung einbringen. Wir haben die Wissenschaft.

Sie ist keineswegs vollständig – es gibt eine Menge, was wir nicht wissen –, aber wir arbeiten daran. Diese beiden Herren sind Wissenschaftler, und sie wissen, was das bedeutet. Sie verstehen es und respektieren es. Wir arbeiten daran, ein vollständiges Bild des Universums zu erstellen – das, wenn wir Erfolg haben, ein vollständiges Verständnis des Universums und von allem, was darin ist, sein wird. Daher verstehe ich nicht, warum sie ihre Zeit mit diesem anderen Zeug verschwenden, das dem Lagerhaus der menschlichen Weisheit nie etwas hinzugefügt hat, und ich sehe auch nicht, dass es das jemals tun wird."[27]

Dawkins bringt das Denken vieler auf den Punkt, wenn er den Glauben an Gott als eine „zusätzliche Dimension der Erklärung" beschreibt, die „dem Lagerhaus der menschlichen Weisheit nie etwas hinzugefügt hat". Dass Gott, der

---

27 R. Dawkins (1998): *On the God of Some Physicists.* [Interview] https://t1p.de/ak56h.

sich uns in Jesus zeigt, als „Welterklärer" verstanden werden möchte und sollte, ist aus christlicher Sicht ein befremdlicher Gedanke. Im Neuen Testament, dem zweiten Teil der Bibel, lesen wir vielmehr, dass Jesus Dinge von sich sagt wie:

- „Ich bin nicht gekommen, um Gerechte zu rufen, sondern Sünder." (Mk 2,17)
- „Ich aber bin gekommen, um ihnen Leben zu bringen – Leben in ganzer Fülle." (Jh 1,10)
- „Denn auch der Menschensohn ist nicht gekommen, um sich dienen zu lassen, sondern um zu dienen und sein Leben als Lösegeld für viele hinzugeben." (Mt 20,28)

Wer also sagt: „Ich brauche Gott nicht, um mir die Welt zu erklären", dem muss erwidert werden: Dafür hat sich Gott auch nie angeboten. „Was nützt es einem Menschen", hören wir Jesus an anderer Stelle sagen, „die ganze Welt zu gewinnen, wenn er dabei sich selbst ins Verderben stürzt oder unheilbar Schaden nimmt?" Übertragen auf unseren Fall: Was bringt es jemandem, die Welt naturwissenschaftlich bestens erklären zu können, wenn er dabei das eigentliche Ziel seines Menschseins aus den Augen verliert – und letztendlich verfehlt?

Leute wie der Evolutionsbiologe Martin Nowak (Harvard University), der Chemiker Troy Van Voorhis (Massachusetts Institute of Technology), der Neurobiologe William Newsome (Standford University) oder der Astrophysiker Heino Falcke (Radboud University), die in ihren jeweiligen Fachbereichen hoch angesehen und zugleich engagierte Christen sind, zeigen, dass sich beides nicht ausschließen muss.

Ich brauche Gott nicht, um ein guter Mensch zu sein.
Es gibt aber noch eine andere Richtung, wie man den Satz „Ich brauche Gott nicht, um …“ weiterdenken kann – nämlich: „Warum eigentlich Christ werden? Genügt es nicht, ein guter Mensch zu sein?“ Über diese Frage haben sich schon viele Gedanken gemacht. Aber ich kenne bislang keine bessere Antwort als die, die Matthias Clausen, Professor für Systematische Theologie und Praktische Theologie an der EH Tabor, dazu gegeben hat. Ich danke ihm sehr für die Erlaubnis, sie hier wiedergeben zu dürfen. Er sagt, und ich zitiere:[28]

> „Wenn ich diese Frage höre, dann habe ich immer den Eindruck, da denkt jemand: „Na ja, Christ sein, das ist eher anstrengend, vielleicht auch ein bisschen nervig, das möchte ich lieber vermeiden. Kann ich das, was ich bekomme, wenn ich Christ werde, nicht auch ein bisschen billiger haben?“ Das war gar nicht unbedingt meine erste Frage, als ich Christ wurde: „Was bringt mir das?“ Oder: „Was habe ich davon?“ Sondern meine erste Frage war: „Stimmt das? Überzeugt mich das? Glaube ich, dass Gott in Jesus auf die Welt gekommen ist?“

---

28 Vgl. M. Clausen (2021): *Genügt es nicht, ein guter Mensch zu sein?* [Podcast]. https://t1p.de/w29q1.

Denn wenn es stimmt, dann ist es wichtiger als alles andere. Dann möchte ich mich damit beschäftigen. Und nachdem ich mich damit beschäftigt habe, habe ich gemerkt, dass in dieser ganzen Frage: „Reicht das nicht, ein guter Mensch zu sein?" möglicherweise ein großes Missverständnis darüber steckt, was Christsein ausmacht: *Es geht beim Christsein nämlich gar nicht darum, ein guter Mensch zu sein.* Nicht zuerst. Sondern es geht zuerst darum, in einer Beziehung zu leben, in einer Beziehung zu Jesus – zu dem Gott, der uns in Jesus begegnet. Und das verändert alles andere. Stellen wir uns einmal vor, wir fragen jemanden: „Sag mal, bist du verheiratet?" Und er sagt: „Na ja, ich bemühe mich." Oder auch: „Das würde ich von mir nicht zu behaupten wagen."

Da würden wir uns zu Recht wundern. Natürlich ist es gut, sich zu bemühen, wenn man verheiratet ist, ein guter Ehepartner zu sein. Aber das macht das Verheiratetsein nicht aus. Sondern Verheiratetsein entsteht dadurch, dass man sich irgendwann dazu entschlossen hat, in diese Beziehung einzutreten. Es geht darum, *wer ich bin* und *wofür ich stehe.* Stellen wir uns vor, wir fragen jemanden: „Bist du ein Mann?" Und er sagt: „Na ja, ich bemühe mich." Oder auch: „Das würde ich von mir nicht zu behaupten wagen." Auch hier würden wir uns wundern.

Christsein heißt nicht, dass ich *erst* gut werde und *dann* qualifiziere ich mich dafür, mit Jesus zu leben. Dass ich erst bestimmte Maßstäbe beherzige. Erst bestimmte Regeln befolge oder erst ein bestimmtes Gefühl in mir erzeuge – und dann qualifiziere ich mich für die Beziehung mit Jesus. Sondern es ist genau umgekehrt. Ich vertraue Jesus und das verändert mich. Ich gehe im Vertrauen auf ihn durchs Leben und das verändert mich, denn er ist der Eine, der mich ganz und gar kennt. Der mich realistisch sieht, so wie kein anderer. Er kennt meine Licht- und Schattenseiten. Dinge, die ich anderen gerne zeige, und Dinge, die ich vielleicht lieber verberge. Vielleicht sogar vor mir selbst. Das sieht er alles – und er liebt mich. So wie ich bin. Und das verändert mich viel stärker als jeder moralische Appell, als jeder gut gemeinte Ratschlag.

Und was fast witzig ist: Ich merke dann in dieser Beziehung, wenn ich in mich hineinschaue, dass ich gar nicht so gut bin, wie ich dachte, dass ich wäre. Oder wie ich es geschafft habe, andere glauben zu machen. Sondern wenn ich ehrlich in mich hineinschaue, merke ich, dass da ein Riss durch mich geht und ich Schattenseiten habe, die mich erschrecken lassen. Aber weil ich weiß, ich bin geliebt, auch *mit* alledem, brauche ich keine Angst zu haben, das zuzugeben, weil es mich nicht zerstört. Ich kann ehrlich darüber sprechen, wo ich hinter meinen eigenen Erwartungen zurückbleibe. Und ich weiß, ich bin trotzdem geliebt und *das* verändert viel stärker als alles andere, als jeder andere – als nur Jesus allein es könnte. So funktioniert Christsein.

Einwand 4: „Wer denkt, glaubt nicht."

Lassen Sie mich zu einem weiteren Einwand kommen, den man heutzutage immer wieder hört: *Ein rational denkender Mensch geht nur von dem aus, was sich naturwissenschaftlich nachweisen lässt.* Diese Überzeugung sitzt mittlerweile so fest, dass sich viele gar nicht mehr fragen, ob sie überhaupt stimmt. Ich will Ihnen erklären, warum ich hier Bedenken habe. Erstens: Der Satz, dass man nur von dem ausgehen sollte, was naturwissenschaftlich belegt ist, ist selbst nicht naturwissenschaftlich belegt. Damit bringt sich diese Denkweise also in allergrößte Probleme, sie sagt schließlich: „Wenn ich stimme, ist mir nicht zu trauen." Widersprüchlicher geht es nicht. Und genau das ist die Crux mit Widersprüchen, denn wer an Wahrheit und Rationalität interessiert ist, lässt besser die Finger von ihnen.

Zweitens: Es ist nicht schwierig, Gläubige zu finden, deren analytische Fähigkeiten und logisch-kritisches Denken im allerhöchsten Maße funktionieren. Knifflig ist eher die Entscheidung, *wen* man hier zuerst nennt. Vielleicht James Tour (Rice University), der heute zu den einflussreichsten Wissenschaftlern der Welt zählt und gleich drei Professorentitel hält: einen in Chemie, einen in Informatik und einen in Materialwissenschaften und Nanotechnik. Oder sollte man doch besser zuerst Nobelpreisträger wie Anton Zeilinger (Universität Wien), Brian Kobilka (Stanford University), William Phillips (University of Maryland) oder Carlo Rubbia (IAAS, Potsdam) anführen?

Oder doch eher Professorinnen und Professoren wie Rosalind Picard, Ian Hutchinson, Jing Kong, Cullen Buie, Troy Van Voorhis oder Daniel Hastings (Massachusetts Institute of Technology), Simon Conway Morris, Peter Williams oder Russell Cowburn (University of Cambridge), Sonia Contera, Katherine Blundell, Andrew Gosler oder Ard Louis (University of Oxford), William Newsome (Stanford University), Karin Öberg, Martin Nowak, Gerald

Gabrielse oder Tyler VanderWeele (Harvard University), Heino Falcke (Radboud University), Anthony Futerman (Weizmann Institute of Science) und Fabiola Gianotti (Generaldirektorin des CERN[29]). Alle sind beste Beispiele für gläubige Menschen, deren rationales Denken auf Höchstleistung läuft.

Anton Zeilinger, der 2022 den Physik-Nobelpreis erhielt, hören wir z. B. sagen: „Ich glaube, dass Gott nicht nur sozusagen einen Job beim Beginn des Universums hatte. Sondern ich bin davon überzeugt, dass Gott eingreifen kann und das auch macht."[30] Genauso eindeutig drückt sich der Physiker Ian Hutchinson aus: „Ich bin Professor für Nuklearwissenschaften und -technik am MIT und ich glaube, dass Jesus von den Toten auferweckt wurde. Das glauben auch Dutzende meiner Kollegen." Auch Harald Lesch, Astrophysiker und vielen als Wissenschaftsmoderator beim ZDF bekannt, stellt ganz unverblümt klar:

> „Ich habe den Eindruck, dass eine Menge Leute sehr ideologisch über Religion nachdenkt und daraus ein Machtspiel macht sowohl auf der einen als auch auf der anderen Seite. Wenn ich mich da so klar bekenne und sage: Ich bin Protestant vom Scheitel bis zur Sohle, dann weil ich auf Leute treffe, die mich entweder für völlig naiv halten – was ich ja viel-

---

29 Das CERN, die Europäische Organisation für Kernforschung, ist weltweit eines der größten und renommiertesten Zentren für physikalische Grundlagenforschung.

30 A. Zeilinger (2023): So sieht Quantenphysiker Anton Zeilinger die Welt. [Interview] In: *Sternstunde Religion*. Minute 51:33. https://t1p.de/yzkoy.

leicht sein mag –, oder die sagen, ich als Naturwissenschaftler sollte doch mal ganz deutlich auf die Pauke schlagen.

Ich denke, dass jeder von uns auch die Summe seiner Erfahrungen ist. Für mich war es nie eine Frage und die atheistische Weltsicht hat sich nie so herangedrängt, dass ich von meinem fröhlichen Protestant-Sein auch nur eine Sekunde weggekommen wäre. Da habe ich Glück gehabt. Denn ich merke im täglichen Zusammenleben, auch bei der Arbeit, fast in allen Lebenslagen, dass sich mein Christsein als außerordentlich positiv erweist[31]."

Und selbst Stephen Hawking wusste einmal, dass seine Modelle nichts darüber aussagen, „ob Gott existiert oder nicht – nur, dass Er [wenn es Ihn denn gibt] nicht willkürlich ist"[32].

Es gibt aber auch einen dritten Grund, warum mich der Gedanke *Jeder rational denkende Mensch geht nur von dem aus, was naturwissenschaftlich nachweisbar ist,* nicht überzeugt: Wir alle hegen Überzeugungen, die wir als vernünftig erachten, auch wenn sie sich nicht naturwissenschaftlich begründen lassen. Machen Sie gerne den Selbsttest und gehen alle Ihre *nicht* naturwissenschaftlich gewonnenen Überzeugungen durch. Sie werden wie ich z. B. von Folgendem überzeugt sein: Es ist immer moralisch falsch ist, Kinder zu enthaupten. Kolumbus stieß am 12. Oktober 1492 auf den amerikanischen Kontinent. Ich bin wertvoll, so wie ich bin.

---

31 H. Lesch (2010): *„Ich bin vom Scheitel bis zur Sohle Protestant"*. [Interview] https://t1p.de/1i9cb.

32 S. Hawking (1993): *Black Holes and Baby Universes*. S. 153.

Ich darf Fehler machen. Der Satz von Pythagoras und eine Satzfolge wie *Alle Tiger haben Fell. Simba ist ein Tiger. Also hat Simba Fell.* ist wahr. Es gibt die Vergangenheit.[33] Wir leben nicht in einer Matrix – es gibt die uns umgebende, äußere Welt wirklich.

Sie werden auch davon ausgehen, dass es *Intentionalität* gibt. Zugegeben ein etwas ungewohnter Begriff für etwas, das uns sehr vertraut ist – nämlich die Fähigkeit, *über etwas* nachzudenken, über die letzte Woche, unsere Kindheit, die Lage im Nahen Osten oder einfach nur über sich selbst. Materie ist dazu nicht in der Lage.

Und last but not least werden Sie davon überzeugt sein, dass es *Bewusstsein* gibt, sprich: jedes subjektive Erleben. Vom normalsten bis hin zum außergewöhnlichsten. Es gibt eine bestimmte Weise, wie es ist, Rot zu sehen oder Schmerz zu empfinden. Wir wissen auch, wie es ist, den köstlichen Geschmack einer ofenfrischen Pizza zu erleben. Oder das Völlegefühl nach dem Essen. Wir wissen auch, wie es ist, stechende Kopfschmerzen zu haben. Oder laute Rockmusik zu hören. Oder große Freude zu verspüren. Bewusstsein ist also nicht nur eine Randnotiz des menschlichen Daseins, sondern ein fundamentaler Teil unserer Existenz. Der renommierte US-amerikanische Neurowissenschaftler Christof Koch schreibt:

---

33 Wem der Gedanke komisch vorkommt, sei an den Atheisten Bertrand Russell erinnert, der in seinem Werk *The Analysis of Mind* (1921) richtig bemerkte: „Es besteht keine logische Unmöglichkeit in der Hypothese, dass die Welt vor fünf Minuten plötzlich zu existieren begann, genau wie sie in dem Augenblick war, mit einer Bevölkerung, die sich an eine völlig irreale Vergangenheit erinnerte.“ (S. 159 f.)

„Insgesamt also ist Bewusstsein gelebte Realität. Es entspricht dem, wie es sich anfühlt, lebendig zu sein. Ohne Erleben wäre ich ein Zombie; ich wäre für mich selbst nicht jemand, sondern ein Nichts."[34]

Zu verwechseln ist Bewusstsein nicht mit Sinneseindrücken oder neuronalen Prozessen, die im Gehirn ablaufen. Im Gegensatz zu vielen anderen emergenten Phänomenen – also Phänomenen, die aus dem Zusammenwirken bestehender Teile entstehen – hat das Bewusstsein keine physische Repräsentation. Keine der Gleichungen, die der Quantenmechanik, Relativitätstheorie, Chemie oder Molekularbiologie zugrunde liegen, erwähnt das Erleben. Eine Welt ohne Erleben ist daher naturwissenschaftlich gesehen problemlos vorstellbar.

David Chalmers, Professor für Philosophie und Neurowissenschaften, einer der führenden Autoritäten im Bereich Bewusstseinswissenschaft, fragt daher völlig zu Recht: Wie kann es sein, dass materielle Gehirnprozesse zu einem bewussten subjektiven Erleben führen? Warum laufen sie nicht stattdessen einfach ohne jede subjektive Erfahrung ab?[35] Oder etwas abstrakter gefragt: Warum wird das Bewusstsein erlebt und nicht *nicht* erlebt? Wieder Chalmers:

---

34 C. Koch (2020): *Bewusstsein. Warum es weit verbreitet ist, aber nicht digitalisiert werden kann*. S. 1.

35 Vgl. D. J. Chalmers (2023): *Realität+: Virtuelle Welten und die Probleme der Philosophie*. S. 367.

„Jetzt denken Sie vielleicht, man sollte der Wissenschaft einfach noch ein paar Jahre geben. Es wird sich um ein weiteres emergentes Phänomen handeln. [...] Nun, was Wissenschaft betrifft, bin ich im Herzen ein Materialist. Ich möchte eine wissenschaftliche Theorie zum Bewusstsein, die funktioniert. Für eine lange Zeit habe ich bei meiner Suche nach einer Theorie des Bewusstseins, die komplett physisch erklärbar ist und funktioniert, auf Granit gebissen. Ich musste aber einsehen, dass das aus systematischen Gründen nicht funktioniert.

Das ist eine längere Geschichte, aber der Grundgedanke ist, dass das, was man aus reduktionistischen Erklärungen erhält, in physischer oder hirnbasierter Hinsicht, Informationen über die Funktion des Systems sind, seine Struktur und seine Dynamik, das Verhalten, das es hervorruft, großartig, um die einfachen Probleme zu lösen, wie wir uns verhalten, wie wir funktionieren. Aber wenn es um die subjektive Erfahrung geht – weshalb fühlt sich all das wie etwas aus unserem Inneren an – ist das etwas von Grund auf Neues."[36]

Ein Gedankenexperiment des Philosophen Frank Jackson verdeutlicht, was für ein besonderes Problem das Bewusstsein ist. Jackson erzählt von Mary, einer brillanten Neurowissenschaftlerin, die über ein tiefes Verständnis aller physischen Prozesse im Gehirn verfügt, die beim Wahrnehmen von Farben stattfinden. Und das, obwohl sie ihr ganzes

36 D. J. Chalmers (2014): *Wie lässt sich das Bewusstsein erklären.* [TED Talk] https://t1p.de/jzoyh.

Leben in einem Raum ohne Farben verbrachte. Auch alle ihre Lernmittel waren schwarz-weiß. Sie kennt die gesamte objektive Geschichte darüber, wie farbige Dinge bestimmte Wellenlängen des Lichts erzeugen, wie diese auf Auge und Gehirn wirken, wie sie in Menschen Assoziationen auslösen und am Ende zu einer Aussage wie „Dieses Auto ist blau" führen.[37]

Es gibt aber eine entscheidende Sache über Farben, die Mary nicht weiß: Sie weiß nicht, *wie* es ist, blau und die anderen Farben *zu erleben*. Ihr physikalisches Wissen über das Gehirn verrät ihr zwar alles Objektive über Farben. Aber es sagt ihr nichts über deren *bewusstes subjektive Erleben*. Der Grund ist, dass unser Wissen über bewusste Erfahrungen über das Wissen von Gehirnprozessen hinausgeht.

Chalmers nennt dies „das harte Problem des Bewusstseins" und löst es, indem er sich zum Panpsychismus bekennt, wonach Bewusstsein ein fundamentaler Aspekt der Realität ist, der in allem Materiellen vorhanden ist. Mit anderen Größen wie William Newsome, Professor für Neu-

37 Chalmers (2023) berichtet sogar von einem realen Fall, in dem es wie bei Mary zuging: „Nordby war ein norwegischer Neurowissenschaftler, der an Achromatopsie, also völliger Farbenblindheit, litt. Die farbverarbeitenden Zapfenzellen in seiner Netzhaut funktionierten nicht. Trotzdem spezialisierte sich Nordby auf die Psychophysik (also die Erforschung von Sinnesvorgängen) und veröffentlichte zahlreiche Aufsätze über Farben. Er wusste alles über die an der Farbverarbeitung beteiligten Gehirnsysteme. Als ich ihn 1998 traf, ließ er sein Gehirn gerade von dem kognitiven Neurowissenschaftler Brian Wandell aus Stanford scannen und stimulieren, um eventuell auf diese Weise Farben erleben zu können. Leider blieb dieses Experiment erfolglos. ‚Die Welt der Farben wird mir für immer ein Rätsel bleiben', sagte mir Nordby." (S. 368).

robiologie an der Stanford University, oder Thomas Nagel, Professor für Philosophie and Recht an der New York University School of Law, ist er sich einig, dass die Existenz des Bewusstseins nicht naturwissenschaftlich nachgewiesen werden kann.[38] Es ist aber natürlich trotzdem vernünftig, von seinem Dasein auszugehen.

Um zu zeigen, dass vernünftige Überzeugungen nicht nur naturwissenschaftlicher Art sind, brauchen Sie sich nur die Gewissheiten zu schnappen, die aus nicht-naturwissenschaftlichen Bereichen (z. B. Mathematik, Logik, Moral, Geschichte, Metaphysik, Psychologie oder Philosophie) stammen. Und bereits die wenigen Beispiele zeigen gut: Obwohl die naturwissenschaftliche Methode großartig und höchst effektiv ist, die Natur zu beschreiben, widerspricht die Annahme *Der vernunftsliebende Mensch geht nur von dem aus, was naturwissenschaftlich nachweisbar ist* unserer Denkrealität.

Die Wirklichkeit besteht nun einmal aus mehr als dem, was naturwissenschaftlich messbar ist. In unserem „Repertoire der vernünftigen Annahmen" tummeln sich etliche Überzeugungen, die auf der naturwissenschaftlichen Landkarte noch nicht einmal verzeichnet sind. Leute wie Tour, Zeilinger, Picard und Öberg wissen das – deshalb haben sie auch kein Problem damit, auch von dem auszugehen, was nicht naturwissenschaftlich nachweisbar ist. Aber sie wissen noch mehr.

---

38 Vgl. W. T. Newsome (2022): *Neuroscience, Faith & Free Will* [Podcast] https://t1p.de/na4of; T. Nagel (1979): What is it like to be a bat? In: *The Philosophical Review. Vol. 83/4.*

Einwand 5: „Die Wissenschaft hat Gott begraben."

Sie wissen auch, was Naturwissenschaft ist. Zum einen natürlich die Grundlage für zahlreiche großartige Entdeckungen, die unser Verständnis der Welt revolutioniert haben: Einsteins Relativitätstheorie, die Entschlüsselung der DNA-Struktur durch Watson und Crick oder auch die faszinierende Entdeckung der Quantenverschränkung in der Quantenmechanik, die uns eine tiefere Ebene der Verbundenheit zwischen Teilchen offenbart. Zum anderen wissen Sie aber auch das, was der Evolutionsbiologe Siegfried Scherer treffend auf den Punkt bringt:

> „Naturwissenschaft ist religionsneutral. Und wenn jemand etwas anderes behauptet, dann redet er nicht mehr als empirischer Wissenschaftler, sondern als jemand, der ein bestimmtes Glaubenssystem hat und mit diesem System argumentiert."[39]

Wenn Sie aus diesem Kapitel nur einen Gedanken mitnehmen, dann bitte diesen: *Naturwissenschaft ist religionsneutral.* Auch – und vor allem – das ist es, was Zeilinger und Co. wissen. Was bedeutet das? Wissenschaftliche Daten, die im Endeffekt nichts anderes als rohe, unverarbeitete Informationen sind, unterstützen weder die Position einer

39 S. Scherer (2020): *Was ein christlicher Biologe über Evolution denkt.* [Vortrag] https://t1p.de/6xt1d. Minute 11:40.

Person, die an Gott glaubt, noch die einer Person, die das nicht tut. Die Daten, die die Wissenschaft hervorbringt, stehen vielmehr – weil sie eben *religions- bzw. weltanschauungsneutral* sind – allen Deutungen offen.

Seien Sie daher skeptisch gegenüber Aussagen wie: „Die Wissenschaft hat bewiesen, dass der Urknall eine natürliche Ursache hat." Ja, beim Urknall fanden natürliche *Prozesse* statt, die durch die Physik beschrieben werden können. Dass die *Ursache* des Urknalls natürlicher Art ist, ist aber *kein* Resultat der Naturwissenschaften. Das ist eine weltanschaulich gefärbte Deutung der naturwissenschaftlich gewonnenen Daten. Richtig wäre das nur, wenn bewiesen wäre, dass das dahinterliegende Weltbild stimmt – in diesem Fall der (ontologische) *Naturalismus*, der besagt: *Nur das ist real, was durch die Naturwissenschaften bestätigt und erklärt wird.*

Wer nun meint, dass der Naturalismus – in westlichen Kulturen *der* weltanschauliche Gegenspieler zum Theismus – schon richtig liegt, sieht schief. Warum? Weil der Naturalismus das Schicksal jeder weltanschaulichen Position teilt: Er ist *nicht* beweisbar. Die Wissenschaft zwingt niemanden, dem Naturalismus nachzufolgen.[40] Anders gesagt,

40 In den Worten des Atheisten und Harvard-Genetikers Richard Lewontin: „Es ist nicht so, dass die Methoden und Institutionen der Wissenschaft uns irgendwie dazu zwingen, eine materielle Erklärung der phänomenalen Welt zu akzeptieren, sondern im Gegenteil, dass wir durch unser a priori [von vornherein] Festhalten an materiellen Ursachen gezwungen sind, einen Untersuchungsapparat und eine Reihe von Konzepten zu schaffen, die materielle Erklärungen hervorbringen." (vgl. R. Lewontin (1997): Billions and Billions of Demons. In: *The New York Review of Books. Vol. 44/1.*)

gibt es keine wissenschaftlichen Gründe, die jemanden dazu drängen, von der Richtigkeit des Naturalismus auszugehen. Holm Tetens, Professor für Philosophie mit den Schwerpunkten Logik und Argumentationstheorie, schreibt völlig zu Recht:

> „Kein Resultat der empirischen Wissenschaften beweist den Naturalismus, auch kumulativ beweisen die einzelwissenschaftlichen Forschungsresultate insgesamt nicht die Richtigkeit des Naturalismus. Jedes einzelwissenschaftliche Resultat beweist nur: Es gibt die Erfahrungswirklichkeit, in der unter anderem das jeweils angeführte Resultat der Fall ist. Dass es eine Erfahrungswirklichkeit gibt und wir sehr viel von ihr wissen, wer bezweifelt das? Die These des Naturalismus ist das nicht. Der Naturalismus behauptet, dass es nichts anderes als die Erfahrungswirklichkeit gebe. Ersichtlich kann man jedoch mit den Methoden der Erfahrungswissenschaften nicht beweisen, dass es nichts gibt, was sich nicht mit den methodischen Mitteln der Erfahrungswissenschaften erkennen lässt.
>
> Man kann es auch ironisch formulieren: Naturalisten halten sich immer wieder zugute, sie orientierten sich nur an von den Wissenschaften erhärteten Fakten und müssten nicht metaphysisch spekulieren. Aber gerade indem sie sich ‚nur' an die Fakten der Wissenschaften halten, gehen sie einen entscheidenden Schritt über die Wissenschaften hinaus und beginnen, selber metaphysisch zu spekulieren. Der Naturalismus ist eine metaphysische Position, keine wissenschaftlich beweisbare oder gar selber eine einzelwissenschaftliche Position. Und weil das so ist, muss sich der

> Naturalismus mit den anderen metaphysischen Positionen messen lassen."[41]

Das sind die nüchternen Tatsachen: So wie die Existenz Gottes nicht durch wissenschaftliche Methoden überprüfbar ist, lässt sich auch die Annahme, dass *ausschließlich* die Natur existiert, nicht wissenschaftlich bestätigen. Beides liegt außerhalb des Rahmens, den die Wissenschaft überprüfen kann. Mit anderen Worten beruhen sowohl der Theismus als auch der Naturalismus auf unbewiesenen Glaubenssätzen.

„Falsch!", sagen nun manche – und beziehen sich dabei oft auf den Aufsatz *Der ontologische Naturalismus ist keine Ideologie* des Naturalisten Martin Neukamm. Er schreibt:

> „Der ontologische Naturalismus ist nicht einfach eine ‚unbewiesene Vorentscheidung' – die weltanschauliche Gegenposition zum Theismus –, sondern die ‚Nullhypothese' der faktischen Wissenschaften, die sparsamste Hypothese über die Welt, wonach nicht mehr Seins-Bereiche postuliert werden, als zum Verständnis des Gesetzesnetzes der Natur unbedingt erforderlich sind."

So klassisch dieser Einwand ist, so viel Kritik ruft er hervor. Und das nicht nur aus dem theistischen Lager, sondern auch von jemandem, der sich weder als Theist noch als Na-

41 H. Tetens (2018): Gott als Antwort auf Fragen, die wir nicht loswerden. In: C. Böhr; H.-B. Gerl-Falkovitz (Hrsg.): *Gott denken. Zur Philosophie von Religion*. S. 279.

turalist versteht: Timm Grams, Professor für Elektrotechnik und Autor des lesenswerten Buches *Klüger irren. Denkfallen vermeiden mit System.* In seinem Blogbeitrag *Argumentationsfehler des ontologischen Naturalismus* schreibt er kurz und knapp:

> „*Nullhypothese* ist in diesem Zusammenhang ein Täuschwort. Der Manipulant vertraut darauf, dass dieser Begriff einen gewissen Sog in Richtung des Natürlichen, in Richtung dessen, was keinerlei Begründung mehr bedarf, entwickelt. Der Begriff ist der schließenden Statistik entlehnt; dort hat man es – anders als hier – mit messbaren und prüfbaren Dingen zu tun. Der Begriff täuscht Seriosität vor."[42]

Auch wenn Grams Wortwahl etwas hart ausfallen mag, ist seine Kritik inhaltlich richtig. Der Begriff der Nullhypothese suggeriert, der Naturalismus würde die neutrale Ausgangsposition unter den Weltanschauungen darstellen. Diese Rolle gebührt aber dem *Agnostizismus*. Nur er bedarf keinerlei Begründung, weil er nichts behauptet und in alle Richtungen offen ist.

Ein einleitendes Zugeständnis von Grams wäre trotzdem nicht falsch gewesen, denn schließlich stimmt es, dass der Naturalismus unter allen Weltsichten mit den wenigsten Annahmen über die Beschaffenheit der Wirklichkeit auskommt. Aber was folgt daraus? Es ist überhaupt nicht gesagt, dass *die sparsamste* Hypothese *die richtige* Hypothese

42 T. Gramms (2014): *Argumentationsfehler des ontologischen Naturalismus.* https://t1p.de/gjn2vs.

über die Welt ist. Das darf man natürlich denken – aber dieser Gedanke ist eben genau das: eine unbewiesene Vorentscheidung.

„Der Beweis liegt an anderer Stelle“, protestieren andere. „Alle aufgeklärten Phänomene haben sich auf natürliche Ursachen zurückführen lassen. Niemals ist ein Durchbruch der beobachteten Naturgesetze beobachtet worden. Und mit jeder neuen wissenschaftlichen Erkenntnis wird der Naturalismus bestätigt. Die Welt sieht einfach genauso aus, wie es der Naturalismus vorhersagt. Und solange keine Belege für etwas Nicht-Natürliches vorgebracht werden, ist auch von der Richtigkeit des Naturalismus auszugehen.“

Ja, ich sehe den Punkt, aber bei allem Respekt: Er trifft nicht. Ich will Ihnen meine Skepsis gerne erklären – lassen Sie mich versuchen, sie der Eingängigkeit halber in einer kleinen Geschichte zu verpacken. Hier kommt sie:

In einem malerischen Dorf lebt eine Fischerin namens Mary. Sie besitzt ein kleines Fischerboot und ein Netz, dessen akribisch gefertigte Maschen genau 5 cm groß sind. Mary ist eine wahrhaft liebenswerte und hilfsbereite Seele mit einer festen Überzeugung, die sie mit vollem Einsatz vertritt: Sie ist davon überzeugt, dass es in ihrem geliebten See keine Fische gibt, die kleiner als 5 cm sind.

Mary hat Gründe, um ihre Sichtweise zu rechtfertigen und kann sie mit Freundlichkeit vortragen. Erstens betont sie, dass jeder Fisch, den sie je gefangen hat, größer oder gleich 5 cm ist. Sie zeigt stolz auf ihre Erfolge und sagt: „Schaut her, meine lieben Freunde! Schaut auf meine Fänge! Jeder Fisch, der jemals in meinen Händen gelandet ist,

ist 5 cm groß oder sogar größer. Ist das nicht ein klarer Beweis dafür, dass meine Sicht stimmt?“

Zweitens sagt Mary, dass sie noch niemals eine Abweichung von dieser Regelhaftigkeit festgestellt hat. Mit einem liebevollen Lächeln erklärt sie: „Ihr Lieben, in all den Jahren meiner fischigen Abenteuer habe ich noch nie einen Fisch entdeckt, der nicht diesen Maßen entspricht. Die Beweise sprechen für sich, nicht wahr?“

Und schließlich, als dritte Begründung, lächelt Mary freundlich und fügt hinzu, dass ihre Sichtweise bislang mit jedem neuen Fang bestätigt wird. „Meine lieben Dorfbewohner, schaut euch meine Erfolge an! Jeder neue Fang bestätigt meine Überzeugung. Ich kann euch also versichern, dass meine Sichtweise die sinnvollste ist! Natürlich bleibe ich offen für andere Perspektiven. Ich leugne nicht von vornherein das Dasein von Fischen, die kleiner als 5 cm sind. Aber solange ich solche nicht fange, sehe ich keine Alternative zu meiner Sichtweise.“

Die Tage vergehen und Mary bleibt ihrer Überzeugung treu. Jeden Morgen zieht sie mit ihrem Netz hinaus auf den See, voller Freude und Zuversicht, dass sie nur Fische über 5 cm fangen wird. Sie genießt ihr Leben, umgeben von ihrer festen Überzeugung, dass sie den Schlüssel zum Verständnis der Fische besitzt.

So freundlich Mary auch ist, ihre Gründe, warum sie meint, dass ihre Überzeugung stimmt, sind Schall und Rauch. Zur Wahrheitsfindung tragen sie nichts bei. Warum nicht? Weil Mary, nachdem sie sich darauf festgelegt hat, dass die Beschaffenheit ihres Netzes die Wahrheit darüber sagt, was Wirklichkeit sein soll und darf, *logischer-*

weise nur noch auf Bestätigungen trifft. „Welch Wunder!“, könnte man ihr zurufen. Alles, was ihre Sichtweise widerlegen könnte, hat sie durch die Wahl ihrer Arbeitsgrundlage bereits ausgeblendet. Das rückt die Offenheit, obwohl sie sie voller Ehrlichkeit erwähnt, in ein ganz anderes Licht.

Trotz allem gilt natürlich, dass Marys Überzeugung, dass es im See wirklich keine Fische gibt, die kleiner als 5 cm sind, immer noch richtig sein kann. Nur weil ihre Gründe bei näherem Hinsehen fraglich sind, heißt das *nicht*, dass deshalb ihre Überzeugung automatisch falsch ist. Stellen wir uns einen kleinen Jungen vor, der seine Sichtweise „Die Erde ist eine Kugel“ mit dem Argument „Ich mag Kugeln“ begründet. Seine Begründung ist falsch, keine Frage. Trotzdem stimmt es, was nach dem Gleichheitszeichen steht.

So *könnte* es bei Mary und – um das Bild wieder aufzulösen – so *könnte* es beim Naturalismus auch sein. Er stellt eine Möglichkeit dar, wie es um die Wirklichkeit als Ganze und unsere Stellung in ihr bestellt sein könnte. Eine Möglichkeit, die wahr oder auch falsch sein könnte – und es gibt keine Chance, es mit absoluter Gewissheit herauszufinden. Es gibt nun einmal keinen wissenschaftlichen Grund, dem Naturalismus bei der Frage nach dem richtigen Verständnis der Wirklichkeit den Vorzug zu geben.

Alvin Plantinga, einer der einflussreichsten analytischen Philosophen der Gegenwart, sieht den wahren und eigentlichen Konflikt übrigens gar nicht zwischen *Wissenschaft und Theismus*, sondern vielmehr zwischen *Wissenschaft und Naturalismus.* Bei konsequentem Durchdenken, so Plantinga, stellt es sich nämlich als überaus schwierig dar, sowohl den Naturalismus als auch die Evolutionstheorie zu akzeptieren.

Das will ich gerne erklären: Nach der Evolutionstheorie sind zufällige genetische Variationen und natürliche Selektion die treibenden Kräfte hinter den heutigen Merkmalen unserer Spezies – einschließlich der Prozesse in unserem Gehirn, die unser tägliches Verhalten bestimmen. Wenn wir Menschen als rein materielle Wesen betrachten, sind die Vorgänge in unseren Gehirnen und unserer physischen Umgebung für die Entstehung unserer Überzeugungen verantwortlich.

Diese evolutionären Prozesse fördern die Anpassung bestimmter Lebewesen an ihre Umgebung, wodurch sich diese erfolgreicher fortpflanzen und besser überleben als andere. In diesem Zusammenhang spielt aber die Wahrheit oder Falschheit unserer Überzeugungen eine weitaus geringere Rolle, als wir vielleicht denken. Letztendlich ist es für das Überleben und die Fortpflanzung nämlich gar nicht wichtig, ob unsere Überzeugungen wahr sind. Egal, ob ich fest davon überzeugt bin, dass ein Bär mich angreifen wird, wenn ich ihn reize, oder so eine Handlung eine Entführung durch Aliens zur Folge hat – beide Überzeugungen würden mich dazu veranlassen, sehr vorsichtig zu sein und nichts zu tun, was den Bären ärgern könnte.

Plantinga argumentiert weiter, dass in einem Rahmen, in dem Naturalismus und Evolution miteinander verknüpft sind, die Wahrheit unserer Überzeugungen keine Rolle bei der Entwicklung unseres Verhaltens spielen. Im Rahmen der Evolutionstheorie setzt sich jede Überzeugung durch, die das Überleben sichert – und das unabhängig davon, ob die Überzeugungen wahr oder falsch sind. Daraus folgt: Es gibt keinen stichhaltigen Grund zu glauben, dass unsere Überzeugungen die Wahrheit widerspiegeln. Und da der Naturalismus die Existenz eines Gottes, der unsere kognitiven Fähigkeiten geformt hat, verneint, erscheint es als unwahrscheinlich, dass der Prozess unserer Überzeugungsbildung zuverlässig verläuft.

Wenn es aber so ist, dass die Prozesse, mit denen wir auf Basis unseres Gedächtnisses, unserer Wahrnehmungen oder anderer kognitiver Funktionen Überzeugungen formen, unzuverlässig sind, würde dies die Glaubwürdigkeit jeglicher Überzeugung, die aus diesen kognitiven Vorgängen hervorgeht, untergraben. Warum? Weil wir dann nicht mehr davon ausgehen könnten, dass unsere kognitiven Mechanismen, wie das Gedächtnis oder die Sinneswahrnehmungen, verlässlich sind. Infolgedessen könnten wir niemals mit Sicherheit behaupten, dass unsere Überzeugungen der Wahrheit entsprechen; sie wären lediglich Mittel zur Sicherung unseres Überlebens.

Das hätte massive Auswirkungen auf unsere alltäglichen Überzeugungen. Die Ansicht: „Wer bei -20 °C ohne Schlafsack und Decke im Freien übernachtet, droht zu erfrieren“ wird sich nach den Mechanismen der Evolutionstheorie ebenso durchsetzen wie die Überzeugung „Wer bei -20 °C ohne Schlafsack und Decke im Freien übernachtet, bekommt am Monatsende kein Gehalt“. Das mag abstrus klingen, aber so würde es sich verhalten. Warum? Weil beide Überzeugungen die gleiche Handlung zur Folge haben: In beiden Fällen wird man auf die Übernachtung im Freien verzichten. Dementsprechend setzten sich beide Überzeugungen gleichermaßen durch.

Wir können uns nun mühelos etliche weitere Beispiele denken, bei denen falsche Überzeugungen zu überlebensfördernden Handlungen führen. Die Wahrscheinlichkeit, dass sich ausgerechnet die wahre Überzeugung durchsetzt, ist gering.

Jetzt könnte man einwenden, dass wir uns aber sicher sind, dass die erste Überzeugung wahr und die zweite falsch ist. Und das können wir auch leicht überprüfen. Ein kurzes Nachdenken genügt, um zu bemerken, dass es keinen kausalen Zusammenhang zwischen Übernachtungen im Freien und unserem Monatsgehalt gibt. Wir wissen einfach, dass Menschen sterben, die zu lange ungeschützt in der Kälte liegen.

Das Problem ist nur, dass wir – wie gesagt – keinen Grund hätten, unser Nachdenken für zuverlässig zu halten: Unser Gehirn und unsere Sinneswahrnehmung wären nur aufs Überleben getrimmt. Wenn mein Gehirn aber nur aufs Überleben, nicht aber auf Wahrheit ausgerichtet ist, produziert mein Nachdenken Handlungen, die zum Überleben führen. Ob mein Nachdenken zu wahren oder zu falschen Überlegungen führt, spielt keine Rolle, wenn beides zur gleichen Handlung führt.

Wenn ich meinem Nachdenken grundsätzlich nicht vertrauen kann, habe ich aber keine Möglichkeit, meine Gedanken zuverlässig zu überprüfen. Ebenso verhält es sich mit meinen Sinneswahrnehmungen und meinem Gedächtnis. Nichts davon ist auf Wahrheit ausgerichtet, wenn die Mechanismen der Evolutionstheorie und der Naturalismus gleichermaßen wahr sind. Als Konsequenz sollte ich meinen eigenen Überzeugungen sehr skeptisch gegenüberstehen – auch der Überzeugung, dass der Naturalismus wahr ist.

Wenn Naturalismus und Evolution gleichzeitig stimmen würden, gäbe es nichts und niemanden, der unseren Erkenntnisweg zu diesen Überzeugungen lenkt. Die Überzeugung *Der Naturalismus ist wahr* käme entweder dadurch zustande, dass sie für unser Überleben förderlich ist oder diesem zumindest nicht im Wege steht. Die Wahrscheinlichkeit, dass diese Überzeugung dann tatsächlich wahr ist, wäre allerdings gering. Wir hätten keinen Grund von ihrer Wahrheit auszugehen. Für Naturalistinnen und Naturalisten ist es damit nicht rational, die Evolution und den Naturalismus gleichzeitig für wahr zu halten.

Plantinga kommt daher zum Ergebnis, dass Wissenschaft und Naturalismus nur auf den ersten Blick miteinander harmonieren: Es ist irrational, sowohl der Evolutionstheorie als auch dem Naturalismus gleichzeitig Glauben zu schenken. Bei genauerem Nachdenken zeigt sich, dass der Konflikt in Wirklichkeit nicht *Wissenschaft vs. Theismus*, sondern *Wissenschaft vs. Naturalismus* lautet.

KAPITEL 3:
Theismus hat Gründe

Warum nur Gründe und keine Beweise?

Ich möchte mein Plädoyer für den Theismus mit folgender These beginnen: Die Behauptung des Judentums, Christentums und Islams „Es gibt einen Schöpfergott" ist alles andere als abwegig. Im Gegenteil: Sie ist gut begründbar. Es ergibt z. B. viel Sinn, den Urgrund aller Dinge, die präzise Feinabstimmung des Universums und die verblüffende Anwendbarkeit der Mathematik auf die physikalische Realität auf einen Schöpfergott zurückzuführen. Anders gesagt, gibt es Gründe, den Theismus nicht als naive Spinnerei abzutun, sondern ernst zu nehmen.

„Aber warum nur *Gründe* und keine *Beweise*?", fragen viele: „Wenn es Gott wirklich geben sollte und er jeden Menschen erreichen möchte, sollte es ihm doch ein Anliegen sein, alle Menschen zweifelsfrei von sich zu überzeugen. Er könnte seine Existenz etwa mit einem zwingenden Beleg oder eindeutigen Beweis demonstrieren. Er könnte sich sichtbar machen oder uns zumindest unmissverständliche Zeichen geben, indem er z. B. immer um 12 Uhr einen Schriftzug am Himmel erscheinen lässt: *Hier ist Gott!* Wie wäre es, wenn Menschen, die Gott lästern, immer unmittelbar vom Blitz getroffen würden? Ein allmächtiger Gott sollte alle Möglichkeiten haben – aber *keine* davon schöpft er aus. Warum nicht? Vielleicht deshalb nicht, weil es ihn einfach nicht gibt?!“

Diese Frage ist natürlich berechtigt. Viele Theistinnen und Theisten sind sich einig, dass wir beim Verborgenheitsargument – das vor allem vom kanadischen Philosophen John L. Schellenberg vorangetrieben wird – einen ernst zu nehmenden Einwand vor uns haben. Gerade deshalb ist die akademische Reflexionskultur zur „Verborgenheit Gottes“ unter theistischen Denkerinnen und Denkern auch sehr ausgeprägt. Arbeiten von Leuten wie Travis Dumsday, Veronika Weidner, Paul Moser und vielen weiteren zeigen, dass das Verborgenheitsargument trotz seiner Breite und Tiefe kein Grund ist, das Dasein Gottes auszuschließen: Die Verborgenheit Gottes verweist nicht zwangsläufig auf die Abwesenheit Gottes.[43]

---

43 Vgl. z. B. T. Dumsday (2023): A Bonaventurean Approach to the Problem of Divine Hiddenness. *In: Proceedings of the American Catholic Philosophical Association. Vol. 95*; T. Dumsday (2016). The Problem of Divine Hiddenness. In: *American Catholic Philosophical Quarterly Vol. 90/3*; T. Dumsday (2015). C. S. Lewis on the Problem of Divine Hiddenness. In: *Anglican Theological Review. Vol. 97/1*; V. Weidner (2021): *Divine Hiddenness. Cambridge Elements Philosophy of Religion*; V. Weidner (2020): *Examining Schellenberg's Hiddenness Argument*; P. K. Moser (2021). Experiential Dissonance and Divine Hiddenness. In: *Roczniki Filozoficzne. Vol. 69/3*; P. K. Moser (2017): Attributes of God. Goodness, Hiddenness, Everlastingness. In: D. Borchert (Hrsg.): *Macmillan Interdisciplinary Handbooks. Philosophy. Vol. 8*; P. K. Moser (2016): Divine Hiddenness and Self-Sacrifice. In: E. Stump; A. Green (Hrsg): *Hidden Divinity and Religious Belief.*

Ich will Sie gerne in die Diskussion und dafür kurz in meinen Arbeitsalltag mit hineinnehmen: Es war ein Freitagmorgen. Ich saß in der Bahn und schrieb an diesem Buch, als sich der Schaffner näherte. Nachdem ich ihm mein Fahrticket zeigte und er das Bild darauf mit meinem Gesicht verglichen hatte, sagte er: „Und nun den Personalausweis bitte!" Ich war überrascht. Zwischen dem recht aktuellen Bild auf meinem Ticket und meinem tatsächlichen Gesicht gibt es schließlich wenig Unterschiede. Etwas trotzig holte ich meinen Ausweis heraus und dachte mir: „Es kann nur einen Grund geben, warum mich dieser Schaffner nach meinem Personalausweis fragt, obwohl das Bild auf dem Ticket der Realität sehr nahekommt: Er will mich schikanieren."

War meine Reaktion verständlich? Für mich war sie das. Ich hielt sie sogar für absolut richtig! Für das Verhalten des Schaffners konnte es keine andere Erklärung eben. *Aber ich irrte mich.* Im weiteren Gespräch mit dem Kontrolleur erfuhr ich, dass auf dieser Route im Schnitt um die acht Betrugsfälle täglich auftreten. Leute überkleben auf Tickets, an die sie irgendwie herangekommen sind, das Originalbild und gaukeln so vor, einen gültigen Fahrausweis zu besitzen.

„Ohne den Vergleich mit dem Bild des Personalausweises kriegen wir die Sache nicht in den Griff", sagte mir der Schaffner. Sein Verhalten erschien mir schlagartig in einem neuen Licht. Und mein Bild von mir, in dem ich mich gerne als rational urteilenden Menschen sehe, bekam weitere Kratzer: Ich hatte geurteilt, obwohl mir hätte klar sein müssen, dass ich möglicherweise nicht im Besitz aller relevanten Informationen war. Nun lag ich falsch, weil ich es trotzdem tat.

Ich will ein weiteres Beispiel bringen. Stellen Sie sich vor, Sie würden das Gespräch zwischen einem Schüler – nennen wir ihn Leon – und seiner Mathelehrerin beobachten. Leon hat sie zu sich gebeten, da er nicht weiß, wie er bei einer Aufgabe vorgehen soll. Seine Lehrerin sagt es ihm aber nicht. Sie antwortet, dass er erstmal allein und dann mit seinem Sitznachbarn überlegen soll. Leon ist mit dieser Antwort sehr unzufrieden. Für ihn ist die Sache klar: „Die Tatsache, dass mir die Lehrerin nicht sagt, wie ich vorgehen soll, zeigt, dass sie inkompetent ist."

Ist Leons Reaktion nachvollziehbar? Auf jeden Fall! Liegt er richtig? *Goldrichtig* sogar – aber nur unter einer Bedingung: Er weiß, dass seine Lehrerin keinen guten Grund für ihre Zurückhaltung haben kann. Das Problem ist nur, dass Leon das nicht kann. Klar, er *denkt*, dass er das könnte – in Wahrheit kann er das natürlich nicht. Seine Lehrerin kann Gründe für ihre Zurückhaltung haben, die Leon nicht einfallen. Denkbar wäre z. B., dass sie ihre Schützlinge in Selbstständigkeit und deshalb im Selber-Nachdenken schulen will. Vielleicht hat sie auch einen anderen Grund, der für sie so gut ist, dass sie sich zurückhält. Der genannte Grund ist aber auf jeden Fall *möglich*. Vielleicht sogar der richtige.

Das Entscheidende ist: Weil es *möglich* ist, dass der genannte Grund wahr ist, ist es für Leon *unmöglich* zu sagen, dass die Zurückhaltung seiner Lehrerin *einen eindeutigen* Beweis ihrer Inkompetenz darstellt. Er kann in aller Ehrlichkeit noch nicht einmal sagen, dass die Zurückhaltung seiner Lehrerin ihre Inkompetenz *wahrscheinlich* macht. Er kennt eben nicht alle möglichen Gründe. Dieses Wissen braucht er aber, um seriös sagen zu können, wie wahrscheinlich oder unwahrscheinlich der Grund ist, den er gerade im Sinn hat.

Stellen wir uns nun vor, Leon sitzt nicht im Mathe-, sondern im Religionsunterricht. Und dort käme er zu dem Gedanken: *Die Tatsache, dass Gott sich nicht eindeutig macht, zeigt, dass es Gott nicht gibt.* Auch hier gilt, dass Leon goldrichtig liegt – aber nur unter der Bedingung, dass er weiß, dass Gott keinen guten Grund für seine Zurückhaltung haben kann. Das Problem bleibt aber dasselbe: Das kann Leon nicht. Es ist möglich, dass Gott einen guten Grund für seine Verborgenheit hat.

Die Denkfalle, in die Leon und ich geraten sind, ist ein in der Psychologie gut bekanntes und im Alltag häufiges Phänomen: *Fehlurteile und Einschätzungen aufgrund unvollständiger Informationen.* Zentrale Arbeiten zu diesem Thema finden sich vor allem vom Psychologen und Nobelpreisträger Daniel Kahneman, der mit seinen Studien zu Entscheidungs- und Urteilsprozessen auch heute noch Maßstäbe setzt. Gerade Kahnemans berühmte Werke *Schnelles Denken, langsames Denken* und *Noise: Was unsere Entscheidungen verzerrt – und wie wir sie verbessern können* zeigen exzellent auf, wie und warum Menschen zu Fehlurteilen kommen (und wie wir uns dagegen schützen können.)[44]

---

44 Für weitere Literatur zum Thema vgl. z. B. G. Gigerenzer (2021): *Bauchentscheidungen. Die Intelligenz des Unbewussten und die Macht der Intuition*; G. Raab; A. Unger; F. Unger ([5]2022): *Marktpsychologie. Grundlagen und Anwendung*; A. Hergovich ([2]2021): *Allgemeine Psychologie. Denken und Lernen.*

Ich will darauf hinaus, dass das Urteil *Die Verborgenheit Gottes verweist auf die Abwesenheit Gottes* in dieselbe Kategorie gehört: Auch hier kommt es zu einer Fehleinschätzung aufgrund unvollständiger Informationen. Wer sich aufmerksam mit den Diskussionen in der Fachwelt über mögliche Gründe für die Verborgenheit Gottes auseinandersetzt, wird schnell feststellen, dass die Urteilsfindung hier gar nicht so leicht ist, wie manche – z. B. Leon – denken. Da in den letzten Jahren eine Vielzahl an Antwortvorschlägen publiziert wurde, bin ich mir nicht einmal sicher, ob ich sie alle kenne. Wahrscheinlich nicht. Die folgende Auswahl versteht sich daher nur als ein kleiner, stichpunktartiger Ausschnitt aus dem fachlichen Diskurs.

Eine erste Antwort dafür, warum Gott sein Dasein möglicherweise verbirgt, ist der Wunsch, dass Menschen in Bezug auf ihn geistig unabhängig sind (*Cognitive-Freedom-Answer*). Diese Unabhängigkeit in Bezug auf Gott ist wichtig, um eine persönliche Beziehung zu ihm aufzubauen. Wenn die Existenz Gottes für jeden offensichtlich und eindeutig wäre, hätten Menschen nicht mehr die Freiheit, sich bewusst für den Glauben an ihn zu entscheiden und ihn aus Liebe zu akzeptieren. Stattdessen wären sie gezwungen, die Tatsache seiner Existenz anzuerkennen. Diese kognitive Freiheit wird durch die Mehrdeutigkeit der Hinweise auf Gottes Existenz unterstützt. Diese Hinweise können sowohl aus religiöser als auch aus nicht-religiöser Sicht sinnvoll interpretiert werden, was den Menschen die Freiheit gibt, ihre eigene Überzeugung zu bilden.

Eine zweite Antwort, warum Gott seine Existenz möglicherweise vor uns verbirgt, ist der Schutz und die Wertschätzung der menschlichen Freiheit (*Moral-Freedom-Answer*). Es könnte sein, dass gewisse Werte wie die Freiheit die Nachteile des Unglaubens aufwiegen oder sogar übertreffen. Wenn Freiheit eine notwendige Voraussetzung für eine persönliche Beziehung zu jemandem ist, dann müssen die Hinweise auf das Dasein Gottes so beschaffen sein, dass sie unsere Entscheidungsfreiheit nicht beeinträchtigen. Wären Menschen aufgrund unwiderlegbarer Beweise von Gottes Existenz überzeugt, hätten sie keine andere Wahl, als diese zu akzeptieren. In einem solchen Szenario könnte sich eine Person nicht mehr aus freiem Willen und Vertrauen Gott zuwenden, sondern würde ihn lediglich als eine feststehende Tatsache akzeptieren. Dies würde zwar nicht auf alle Menschen zutreffen, aber vermutlich auf die meisten von uns.

Eine dritte Antwort dafür, dass Gott sein Dasein möglicherweise verbirgt, ist, dass er aus Gerechtigkeit keinen zweifelsfreien Glauben in uns hervorruft. Diese knallharte Erklärung beruht auf der Vorstellung, dass wir einen solch unbezweifelbaren Glauben aufgrund moralischer Unzulänglichkeiten nicht verdienen (*Just-Deserts-Answer*). Daher ist es angemessen, dass wir von der Gemeinschaft mit Gott erst einmal ausgeschlossen sind.

Eine vierte Antwort, warum Gott seine Existenz möglicherweise vor uns verbirgt, ist der Gedanke, dass die größten und edelsten menschlichen Tugenden möglicherweise nur dann erreicht werden können, wenn die Existenz Gottes nicht eindeutig ist (*Self-Sacrificing-Love-Answer*). Ein Beispiel für eine solch edle Handlung ist die Entscheidung, sein Leben zu opfern, damit ein anderer überleben kann.

Diese Art von selbstlosem Opfer, das als eine der höchsten Tugenden angesehen wird, könnte vor allem für jemanden zugänglich sein, der nicht an die Existenz Gottes glaubt. Nach dieser Ansicht ist das Opfer einer Atheistin, die ihr Leben gibt, um ihr Kind zu retten, von größerem Wert als das einer überzeugten Theistin, die dasselbe tut.

Eine fünfte Antwort dafür, warum Gott sein Dasein möglicherweise vor uns verbirgt, ist die Annahme, dass er die möglichen Folgen einer offensichtlichen Offenbarung kennt (*Knowledge-of-Consequences-Answer*). Es besteht die Möglichkeit, vielleicht sogar die Wahrscheinlichkeit, dass Menschen Gott lediglich als ein Objekt oder als einen theoretischen Begriff behandeln würden, sollte er seine Existenz unmissverständlich offenbaren. Eine solche Herangehensweise würde die tiefergehende, existenziell-persönliche Beziehungsebene mit Gott in den Hintergrund rücken. Die Zustimmung zu Gott auf einer rein gedanklich-theoretischen Ebene wäre nicht förderlich für eine vertrauensvolle Beziehung zu einem personalen Du, wie es Gott repräsentiert.

Es gibt noch viele weitere Antwortvorschläge, die ich nennen könnte.[45] Vielleicht hatte ich aber auch Glück und einer von denen, die ich gerade genannt habe, spielt eine Schlüsselrolle bei der Frage, warum Gott sein Dasein verbirgt. Vielleicht ist es auch eine Kombination. Es ist auch

45 Vgl. z. B. die Übersicht von D. Howard-Snyder; A. Green (2022): Hiddenness of God. In: In: E. N. Zalta; U. Nodelman (Hrsg.): *The Stanford Encyclopedia of Philosophy*. https://t1p.de/wr4rp; Für einen aktuellen, deutschsprachigen Überblick zum Thema „Verborgenheit Gottes" vgl. G. Gasser; A. Kreiner; V. Weidner (2020): *Klassische und aktuelle Beiträge aus Theologie und Religionsphilosophie*.

möglich, dass meine eher willkürliche Auswahl nur wenig zur Klärung beiträgt und die richtige Spur in den Antworten liegt, die ich aus Platzgründen weglassen musste.

Zurück zu Leon: Weil es *möglich* ist, dass zumindest eine der Antworten, die insgesamt im Umlauf sind, stimmt, deshalb ist es für ihn *unmöglich* zu sagen, dass die Verborgenheit Gottes ein klares Argument gegen dessen Existenz darstellt. Leon kann noch nicht mal sagen, dass die Verborgenheit Gottes die Abwesenheit Gottes *wahrscheinlich* macht. Er kennt eben nicht alle möglichen Gründe. Und was für Leon gilt, gilt auch für jeden von uns.

Wir halten fest: Aus der Tatsache, dass es keine zwingenden Belege für Gottes Dasein gibt, lässt sich nicht schlussfolgern: ... *und deshalb gibt es Gott nicht.* Dieselbe Möglichkeit, die bei Leons Mathelehrerin besteht, besteht eben auch bei Gott, und daher ist es möglich, dass er Gründe hat, die er für wichtiger erachtet, als seine Existenz unmissverständlich zu demonstrieren.

„Das sind", schrieb mir mal jemand, „die gleichen unsinnigen Attitüden wie sie jeder Dorfpfarrer verwendet: Gott offenbart sich nicht, weil er gute Gründe dafür hat. Das Gleiche würde jedes Kind über seinen ausgedachten Gefährten sagen: ‚Mein Freund Harvey zeigt sich euch nicht. Aber das macht er mit Absicht. Es gibt ihn aber.'" Ja, ich stimme zu, dass die Möglichkeit, dass es Gott gar nicht gibt und *das* der Grund für die mangelnden Belege ist, nicht vom Tisch ist. Sie steht nach wie vor im Raum.

Aber – und das ist das Wichtige: Sie steht dort nicht allein! Und genau *das* ist der Grund, warum das Verborgenheitsargument kein Totschlagargument ist. Die Frage, ob es Gott – und meinetwegen auch Harvey – gibt, ist daher nach wie vor nicht geklärt. Anders gesagt: Wer an Wahrheitsfindung interessiert ist, darf sich nicht, nachdem er das Argument der Verborgenheit kennengelernt hat, sagen: „Gut, damit ist die Sache vom Tisch. Weil sich weder Gott noch Harvey zeigen, deshalb gibt es beide auch nicht." So einfach ist es eben nicht.

Mein Vorschlag zur Güte lautet daher, dass die Frage, ob es Sinn ergibt, Gott und Harvey als real einzustufen, sich an anderer Stelle entscheidet – nämlich an der Frage, wie durchdacht und nachvollziehbar die jeweiligen Argumente für ihre Existenz sind. *Darum* sollten wir uns kümmern. Nun überlasse ich es anderen, ein Plädoyer für das Dasein Harveys zu halten. Aber sollte je ein ernsthaftes geschrieben werden, lese ich es gerne. Ich möchte mich im nächsten Kapitel ausschließlich darauf beschränken, Ihnen zu zeigen, dass es gut begründet ist und Sinn ergibt, von der Existenz eines transzendenten Schöpfergottes auszugehen. Los geht's.

Grund 1: Die Frage des Anfangs

> *These 1: Es ergibt Sinn, den Anfang allen Daseins auf einen Schöpfergott zurückzuführen.*

„Ist doch nur eine Theorie", höre ich manche Christinnen und Christen stöhnen, wenn sie das Wort *Urknall* hören. Ich kann das erst einmal nachvollziehen, denn im Alltag meinen wir mit einer *Theorie* wirklich nur eine Art Idee oder Vermutung, die noch nicht bestätigt ist. Das Problem ist nur, dass der Begriff in der Wissenschaft etwas vollkommen anderes meint – eine *wissenschaftliche* Theorie ist viel mehr als eine Idee, sie ist ein umfassendes Konzept, das viele Beobachtungen und Fakten miteinander verknüpft. Und wenn eine wissenschaftliche Theorie – wie die Urknalltheorie – über lange Zeit hinweg immer wieder bestätigt wird, dann mausert sie sich zu einer etablierten Erkenntnis.

1920 stellte Edwin Hubble fest, dass sich ferne Galaxien von uns wegbewegen und die Rotverschiebung im Licht, das von diesen Galaxien empfangen wurde, proportional zu ihrer Entfernung von der Erde war. Diese Entdeckung legte den Grundstein für das Verständnis der Expansion unseres Universums und stützte die Idee des Urknalls, die u. a. durch die Entdeckung der kosmischen Mikrowellenhintergrundstrahlung (1965), die Bestätigung der Nukleosynthese (späte 1960er) und der Entdeckung der Dunklen Energie (1988) untermauert wurde. Heute ist die Urknalltheorie die am besten etablierte Theorie in der Astrophysik; sie erzählt uns, dass unser Universum – sprich *Raum*, *Zeit* und *Materie* – vor 13,79 Milliarden Jahren ins Dasein kam.

Und genau das bringt uns zu folgendem Gedanken und meinem ersten Argument: Wenn Raum, Zeit und Materie entstanden sind, dann liegt es nahe, dass die Ursache dafür *raumlos*, *zeitlos* und *immateriell* gewesen ist. Die Ursache des Universums darf dessen Eigenarten logischerweise nicht teilen. Das gilt selbst dann, wenn unser Universum *nicht* das erste Universum in der Geschichte des Kosmos ist. Selbst wenn wir, sagen wir, im 42. Universum leben würden, das der Kosmos je gesehen hat, stellt sich die Frage: Was ist die Ursache des *allerersten* Universums?

Es bleibt dabei: Wenn das „Ur-Universum" entstanden ist, dann liegt es auf der Hand, dass die Ursache dafür raumlos, zeitlos und immateriell ist. Eine physikalische Ursache scheidet somit aus. Wenn nun Religionsphilosophen wie Richard Swinburne (Oxford) oder Winfried Löffler (Wien) darauf hinweisen, dass die genannten Merkmale stark jenen der theistischen Gottesvorstellung ähneln, ist es alles andere als abwegig, wenn Astrophysiker wie Heino Falcke (Radboud) oder Katherine Blundell (Oxford) anmerken, dass ein theistischer – nicht unbedingt christlicher – Schöpfergott eine sehr gute Erklärung für die Entstehung des ersten Universums darstellt.

„Moment", sagen nun einige. „Ich denke aber, dass das erste Universum, von dem alles Weitere ausging, gar nicht angefangen hat zu existieren. Es hat *bereits ewig existiert.*" Ja, so darf man natürlich denken. Und weil wir in der Mathematik das Symbol (∞) haben, um Unendlichkeit darzustellen, verstehe ich den Eindruck, dass etwas Unendliches auch in der physikalischen Realität unproblematisch sein sollte. In Fachkreisen ist man hier wesentlich skeptischer.

David Hilbert, einer der herausragendsten Mathematiker überhaupt, weist darauf hin, dass das Konzept der Unendlichkeit natürlich für mathematische Zwecke benötigt wird – aber „das Unendliche ist in der Realität nirgends zu finden, ganz gleich, auf welche Erfahrungen,

Beobachtungen und Erkenntnisse man sich beruft."[46] In seinem berühmten Gedankenexperiment, das unter dem Namen „Hilberts Hotel" bekannt wurde, zeigt er, welche Absurditäten man bereit sein muss anzunehmen, wenn eine unendliche Anzahl von Dingen in der realen Welt existieren würde.

Bei Hilberts Hotel handelt es sich um ein Hotel mit einer unendlichen Anzahl von Zimmern, die alle belegt sind. Es gibt keinen einzigen freien Platz. Jedes Zimmer in dem unendlichen Hotel ist belegt. Nehmen wir nun an, ein neuer Gast kommt an und fragt nach einem Zimmer. Der Manager sagt: „Aber sicher. Kein Problem." Er verlegt den Gast, der in Zimmer 1 ist, in Zimmer 2, den Gast aus Zimmer 2 in Zimmer 3 – und so weiter bis ins Unendliche. Das Zimmer 1 ist nun frei und der neue Gast checkt fröhlich ein. Und das, obwohl alle Zimmer bereits belegt sind und niemand ausgecheckt hat.

Es wird noch absurder. Nehmen wir an, eine *unendliche* Anzahl neuer Gäste steht an der Rezeption. Und wieder stellt dies für den Manager kein Problem dar. Er bringt jede Person in einem Zimmer mit einer Nummer unter, die doppelt so groß ist wie die ursprüngliche Zimmernummer. Der Gast, der anfangs in Zimmer 1 war, zieht also in Zimmer 2. Der Gast in Zimmer 2 kommt in Zimmer 4 und so weiter. Da jede mit zwei multiplizierte Zahl immer eine gerade Zahl ist, werden alle ungerade nummerierten Zimmer frei, in die die unendlich vielen neuen Gäste dankbar

---

46 D. Hilbert (1926/[3]2012): On the infinite. In: P. Benacerraf; H. Putnam (2012): *Philosophy of Mathematics. Selected Readings.* S. 186.

einchecken können und das, obwohl vorher alle Zimmer bereits voll waren. Noch verrückter wird es, wenn die Gäste anfangen auszuchecken. Angenommen, alle Gäste in den Zimmern mit *ungeraden* Nummern checken aus. In diesem Fall hat eine unendliche Anzahl von Menschen das Hotel verlassen. Aber es sind dennoch nicht weniger Personen im Hotel. Nehmen wir stattdessen an, dass alle Gäste auschecken, die in Zimmer 4 und höher gewohnt haben. In diesem Fall sind nur noch drei Personen übrig – und trotzdem haben genauso viele Personen das Hotel verlassen, als wenn alle Gäste mit ungeraden Nummern ausgecheckt hätten. Wir haben also einen Widerspruch: Wir subtrahieren identische Mengen von identischen Mengen und erhalten unterschiedliche Ergebnisse.

Eine weitere Überlegung, die gegen die physikalische Realität der Unendlichkeit spricht, ist diese: Wenn das erste Universum in der Geschichte des Kosmos schon immer existiert hat, dann haben wir es mit einer unendlichen Reihe von vergangenen Ereignissen zu tun. Es ist dann wie eine Abfolge von Dominosteinen, bei der einer nach dem anderen fällt, bis der letzte Dominostein – sprich: *heute* – erreicht ist. Das Problem ist nur, dass der letzte Dominostein niemals fallen kann, wenn vorher unendlich viele Dominosteine fallen. Das Heute könnte niemals erreicht werden. Aber wir leben ganz offensichtlich im Heute. Die Anzahl der Ereignisse, die zu heute führen, kann daher nicht unendlich sein.

All das unterstreicht den Gedanken, dass Unendlichkeit nirgends in der Realität zu finden ist. Sie existiert weder in der Natur noch bietet sie eine legitime Grundlage für rationales Denken. Diese Feststellung hält sich bis heute.[47] Thomas Bedürftig und Roman Murawski bringen es in ihrem Lehrwerk *Philosophie der Mathematik* auf den Punkt: „Das Denken hat es notwendig mit dem Phänomen des Unendlichen zu tun, auch wenn wir es in der materiellen Natur im Kosmos nicht vorfinden. Es ist ein Phänomen des Denkens."[48]

Aber nehmen wir an, dass alle Kritik falsch sein sollte und der Urgrund allen Daseins gegen alle Erwartungen doch ein bereits ewig existierendes Universum oder Multiversum ist. Selbst in diesem Fall sollte man verständlich erklären können, warum und wie materielle Prozesse Menschen hervorbringen, denen Bewusstsein, Intentionalität und eine Ich-Perspektive innewohnen. Das ist in einem rein materiellen Universum nämlich alles andere als erwartbar.

Die Frage, die ich hier aufwerfe, beschäftigt natürlich nicht nur mich, sondern auch Leute, die wesentlich klüger sind. Um ihre Überlegungen kennenzulernen, empfehle ich vor allem zwei Werke: Zum einen das Buch: *Geist und Kosmos. Warum die materialistische neodarwinistische Konzeption der Natur so gut wie sicher falsch ist* des großen Atheisten Thomas Nagel. Zum anderen: *Gott denken. Ein Versuch über rationale Theologie* von Holm Tetens, einem renom-

47 Vgl. z. B. G. F. R. Ellis; K. A. Meissner; H. Nicolai (2018): The Physics of Infinity. In: *Nature Physics. Vol 14*; M. Tegmark (2015): Infinity Is a Beautiful Concept. And It's Ruining Physics. In: *Discover Magazine.* https://t1p.de/ovoli; P. Mutalik (2016): Is Infinity Real? In: *Quanta Magazine.* https://t1p.de/kscne.

48 T. Bedürftig; R. Murawski ([4]2019): *Philosophie der Mathematik.* S. 176.

mierten Philosophen, der vom Atheismus zum Theismus gefunden hat.

Es ergibt Sinn, den Anfang allen Daseins auf einen Schöpfergott zurückzuführen. Das war meine erste These. Durchdenken Sie es gerne: Wenn das erste Universum, das der Kosmos je erblickt hat, *entstanden* ist, kann die Ursache dafür gar nicht natürlicher Art sein. Sie *muss* hinter Raum, Zeit und Materie liegen. Und aufgrund der Ähnlichkeiten zwischen den Eigenschaften dieser Ursache und der theistischen Gottesvorstellung ist es nicht abwegig anzunehmen, dass ein theistischer Schöpfergott eine gute Erklärung für die Entstehung des ersten Universums ist.

Eine natürliche Erklärung ist nur dann möglich, wenn man sagt: Das erste Universum in der Geschichte des Kosmos *existiert bereits ewig.* Und so könnte es gewesen sein. Aber angesichts der Tatsache, dass es uns erlebnisfähige, selbstreflexive Ich-Subjekte gibt, ist das nicht naheliegend. Diese Tatsache passt wesentlich besser zum Gedanken, dass der Urgrund allen Daseins geistiger Art ist. Außerdem sind wir auch dann, wenn das erste Universum bereits ewig existiert hat, noch nicht aus dem Schneider. Denn eine der ganz großen Fragen bleibt nach wie vor bestehen: Warum existiert überhaupt etwas und nicht nichts? Darum soll es im Folgenden gehen.

Grund 2: Die Frage des Warums

These 2: Es ergibt Sinn, die Frage, warum es überhaupt etwas gibt, auf einen Schöpfergott zurückzuführen.

„Warum existiert eigentlich überhaupt etwas anstatt gar nichts?" Man könnte meinen, diese Frage sei völlig bedeutungslos oder selbstverständlich: „Es gibt halt irgendwas, weil es irgendwas geben muss", denken manche. „Es gab schon immer etwas, also braucht es keine weitere Erklärung", meinen andere. Aber diese Frage hat mehr Tiefe. Wenn man von Leibniz über Kant und Heidegger bis hin zu Sartre liest, stellt man schnell fest, dass sie als eine der tiefsten in der Philosophie überhaupt gilt. Schlicht und ergreifend deshalb, weil sie die fundamentale Frage der Existenz selbst aufgreift und uns herausfordert, über die Grundlage von allem nachzudenken.

Um die Frage greifbarer zu machen, teile ich sie in zwei Abschnitte auf: Zuerst möchte ich Ihnen zeigen, dass sich in der Welt Dinge finden, die nicht unbedingt da sein müssen – man nennt sie *kontingent.* Es gibt Dinge, die nicht zwingend existieren müssen. So wie ich zum Beispiel. Meine Eltern hätten sich einfach nie treffen können, in diesem Fall wäre ich nie geboren worden. Oder nehmen wir die Wanduhr in meinem Zimmer – sie tickt, sie zeigt die Zeit, aber ihre Existenz ist nicht notwendig. Es ist leicht vorstellbar, dass es sie gar nicht gibt. Eben das macht ein kontingentes Ding aus: Es ist etwas, das existiert, aber nicht zwangsläufig existieren muss.

Diese Erkenntnis leitet über zur Frage, ob es möglich ist, dass es etwas gibt, das nicht kontingent ist. Oder anders gesagt: Gibt es etwas, das notwendigerweise aus sich heraus existiert – unabhängig von äußeren Bedingungen? Etwas, das das Fundament aller kontingenten Dinge darstellt? In Teil 1 werde ich versuchen zu zeigen, dass dem so ist. In Teil 2 widmen wir uns anschließend der Frage, was wir über die Eigenschaften dieses notwendigen Seins wissen können.

Teil 1: Es gibt etwas, das notwendigerweise existiert

Wir nehmen unsere Umwelt tagtäglich als gegeben hin – Menschen, Häuser, die Natur. Und wir gehen davon aus, dass sie wirklich real sind. Wir halten unsere Erlebnisse und die Dinge, die wir sehen, hören und riechen, für echt. Aber muss das zwangsläufig richtig sein? Beim Träumen erscheinen uns Situationen und Personen auch oft als real, obwohl sie Produkte unseres Unterbewusstseins sind. Ähnlich könnte man argumentieren, dass auch unsere alltägliche Erfahrung der Realität eine Illusion ist. Denken Sie nur einmal an den großartigen Film *Matrix*, in dem Menschen in einer Scheinwelt leben, in der nichts wirklich echt ist.

Der Punkt ist nur: Selbst wenn diese Vorstellung richtig wäre, würde immer noch etwas existieren, nämlich die Matrix selbst. Der französischer Philosoph René Descartes, der für seinen Satz „Ich denke, also bin ich" bekannt ist, argumentiert, dass er an der Existenz von allem zweifeln kann, außer an der Tatsache, dass er denkt. Dies führt ihn zum Schluss, dass irgendetwas existieren muss. Selbst in Szenarien, in denen uns unsere Wahrnehmung täuschen mag, sehen wir, dass die Suche nach einer unzweifelhaften, grundlegenden Existenz unausweichlich ist.

Fast genauso intuitiv ist die Vorstellung, dass die Dinge um uns herum kontingent sind. Und es gibt zwei zentrale Merkmale, die sie ausmachen. Ich hatte sie bereits erwähnt: Es besteht erstens kein Zwang, dass es sie gibt. Es gibt sie, aber es hätte auch sein können, dass es sie nicht gibt. Eine Welt, in der mein Auto existiert, ist genauso möglich wie eine Welt, in der mein Auto nicht existiert. Wie selbstverständlich es für uns ist, dass Dinge kontingent sind, merken wir z. B. dann, wenn uns ein Zirkusmagier vorgaukeln will, ein Kaninchen aus dem Hut zaubern zu können. Selbst wenn wir den Trick nicht durchschauen, wissen wir, dass es sich um einen Trick handeln muss. Kaninchen können nicht einfach so aus dem Nichts entstehen.

Die zweite Eigenschaft kontingenter Dinge lautet: Sie existieren aufgrund einer externen Ursache. Nehmen wir noch einmal mein Auto. Es ist nicht eines Tages plötzlich vor meiner Haustür ins Dasein geploppt. Ich habe es bei einem Autohändler gekauft. Der hat es wahrscheinlich aus einer Fabrik und die Fabrik hat es hergestellt. Die Materialien, die es dazu brauchte, wurden wiederum gekauft usw. Genauso verhält es sich mit den übrigen Dingen, die uns im Alltag begegnen: Sie sind nicht einfach da – sie haben eine Ursache.

Der springende Punkt ist nun, dass nicht alles kontingent existieren kann. Ich will das gerne verdeutlichen. Stellen wir uns vor, wir stehen in einer riesigen Wüste, wo wir etwas Seltsames entdecken: Vor uns steht, soweit das Auge reicht, eine lange Reihe an Dominosteinen. Wir können weder Anfang noch Ende der Reihe erkennen, aber wir sehen, dass die Steine umfallen. Wir sehen, dass jeder Dominostein fällt, weil er von einem anderen Stein umgestoßen wird. Uns ist intuitiv klar, dass es dafür an irgendeinem Punkt in der Reihe eine andere Ursache gab als einen Dominostein. Der allererste Stein wurde umgestoßen, und es kann logischerweise keiner der Dominosteine gewesen sein. Neugierig fragen wir uns: Was ist diese Ursache?

Die Sache wird noch interessanter, wenn wir eine unendlich lange Reihe von Steinen betrachten. Auch wenn Unendlichkeit mehr ein theoretisches als ein reales Konzept ist, können wir die Möglichkeit nicht ausschließen. Wir lassen den Gedanken daher einmal zu, dass es vielleicht gar keinen ersten Stein gibt, der alles ins Rollen brachte. Jeder Stein wurde von einem Stein umgestoßen, der sich vor ihm befindet. Es gibt keinen Anfang.

Wir bleiben aber neugierig und fragen uns: „Warum stehen hier überhaupt Dominosteine?" Diese Frage darf man natürlich haben. Und sie bleibt auch dann noch berechtigt, wenn die Steine bereits unendlich lange in der Wüste stehen – ja, selbst dann, wenn es nur ein kleiner Dominostein wäre, der dort bereits ewig lange herumstünde. Alter, Anzahl und Größe ändern nichts daran, dass die Frage erlaubt ist. Würde uns nun jemand sagen: „Die Antwort ist ganz einfach: Es gibt keinen Grund. Die Steine waren schon immer da", würde uns das natürlich nicht zufriedenstellen. Wir dürfen tiefer graben.

Mein Punkt ist nun, dass es sich mit dem Universum genauso verhält. Selbst wenn das allererste Universum in der Geschichte des Kosmos seit unendlicher Zeit existiert, bleibt die Frage bestehen, warum es existiert. Wie die Dominosteine in der Wüste braucht die Summe aller kontingenten Dinge, die wir uns vorstellen können, eine Erklärung. Selbst wenn wir davon ausgehen, dass es ein ewiges und unendlich großes Multiversum gibt, dürfen wir nach einer Erklärung fragen, warum es da ist. Denn dass Dinge einfach so und erklärungslos geschehen, so etwas beobachten wir in der Welt um uns herum nicht. Wir haben daher allen Grund, auch hier nach einer Erklärung zu schauen.

Wenn aber nicht alles kontingent existieren kann, was kann dann anderes da sein? Außer dem Kontingenten kann auch etwas *notwendig* existieren. Die Eigenschaften des Notwendigen besteht darin, dass es aus sich selbst heraus existiert – also ohne externe Ursache. Es kann keine mögliche Welt ohne dieses Notwendige geben. Viele Mathematiker gehen z. B. davon aus, dass Zahlen notwendigerweise existieren. Wir halten also fest: Es muss etwas geben, das aus sich selbst heraus existiert – etwas, das *nicht* die Möglichkeit hat, nicht zu existieren.

Teil 2: Was können wir über das notwendig Existierende wissen?

Diese Betrachtung führt uns zu einer entscheidenden Frage: Wenn nicht alles kontingent sein kann, was ist dann die notwendige Existenz, die allem zugrunde liegt? Lassen Sie uns also weiterdenken und fragen, was es alles gibt. Wir sehen hier zum einen die materielle Welt: Ameisen, Menschen, Berge, Luft und Planeten – sie alle sind aus winzigen Molekülen zusammengesetzt, die wiederum aus winzigen Elementarteilchen (Quarks und Leptonen) bestehen. Die materielle Welt untersuchen wir mit den Naturwissenschaften und erfahren sie tagtäglich. Aber es gibt noch mehr.

Unsere menschliche Erfahrung ist durchwoben von Dimensionen, die über das Materielle hinausreichen, und dennoch sind sie unzweifelhaft real. Ein erster Schlüsselaspekt ist hier die Dimension der Information. Jedes Lebewesen, jede Zelle unseres Körpers, ist ein lebendes Archiv biochemisch kodierter Informationen – unsere DNA speichert ein Vielfaches dessen, was jede Festplatte fassen kann. Von den Zeilen eines Buches bis zu den Bytes digitaler Daten ist Information allgegenwärtig und spielt eine zentrale Rolle.[49]

Auch in der modernen Physik wird der Aspekt der Information zunehmend als das fundamentale Konzept unserer Realität verstanden. Information im physikalischen Sinne umfasst nicht nur Daten oder Wissen, sondern ist die Grundlage, auf der die Struktur des Universums aufbaut. Aus Sicht der Quantenmechanik, der bislang erfolgreichsten Theorie der Materie, wird immer deutlicher, wie Information auf der fundamentalsten Ebene das Verhalten von Materie beeinflusst.[50]

Auch das Bewusstsein ist ein gutes Beispiel für eine nicht-materielle Dimension der Wirklichkeit. Es umfasst

---

49 Vgl. z. B. P. Davis (2014): *Information and the Nature of Reality*. J. Mishra (2020): *The Concept of Information in Biology. A Viewpoint Different from Conventional Biology.*

50 Vgl. z. B. V. Vlatko ([2]2018): *Decoding Reality. The Universe as Quantum Information*; S. Llyod (2007): *Programming the Universe. A Quantum Computer Scientist Takes on the Cosmos*; A. Zeilinger (2004): Why the quantum? "It" from "bit"? In: J. D. Barrow et al. (2011): *Science and Ultimate Reality. Quantum Theory, Cosmology, and Complexity*; A. Zeilinger (2022): *Eine Reise durch die wunderbare Welt der Quanten* [Vortrag]: https://t1p.de/5ajio.

die subjektiven Erlebnisse wie das Rot eines Sonnenuntergangs oder das Bittere einer Kaffeebohne, die wir fühlen und erfahren, die jedoch in keiner Weise physisch greifbar sind. Sie existieren unabhängig von der materiellen Welt und doch sind sie Teil unserer gelebten Realität. Jeder von uns kennt das Gefühl der Freude, des Schmerzes, der Farben und Klänge, die zwar innerlich erlebt, aber nicht physikalisch dargestellt werden können.

Die Mathematik ist eine dritte fundamentale immaterielle Dimension der Realität, die unabhängig von der materiellen Welt und naturwissenschaftlichen Forschung existiert. Sie bietet ein universelles Gerüst, das die Strukturen und Muster des Universums nicht nur beschreibt, sondern auch vorhersagt. Als Sprache des Universums ermöglicht sie uns, über die Grenzen der physischen Existenz hinaus zu denken und zu verstehen. Ihre Unabhängigkeit von der materiellen Welt unterstreicht ihre Einzigartigkeit als ein Konstrukt, das zwar von Menschen entdeckt, aber nicht erfunden wurde – ein Spiegelbild der logischen und strukturierten Natur der Wirklichkeit selbst.

Logik als das Fundament rationalen Denkens ist ein weiterer zentraler, jedoch immaterieller Bereich der Wirklichkeit. Sie ist das Gerüst, das ermöglicht, Schlussfolgerungen zu ziehen und Wahrheiten zu erkennen, unabhängig von physischen Gegebenheiten. Logik existiert als eine Reihe von universellen Prinzipien, die die Grundlage des Verständnisses und der Interpretation der Welt bilden. Sie ist nicht an die materielle Welt gebunden, sondern existiert als ein abstraktes Netzwerk von Regeln, das den Kern rationaler, menschlicher Erkenntnis bildet und es uns erlaubt, über das Beobachtbare hinaus zu denken und tiefer liegende Wahrheiten der Existenz zu erschließen.

Eine letzte Dimension sind moralische Prinzipien. Auch wenn sie nicht materiell sind, bilden sie das Rückgrat gesellschaftlicher Ordnung und persönlicher Integrität – sie sind in den Gesetzen verankert, die wir befolgen, und in den ethischen Richtlinien, die unser Zusammenleben bestimmen. Diese immateriellen Aspekte sind tief in der menschlichen Kultur verwurzelt und manifestieren sich in jedem Fortschritt, den wir als Gesellschaft machen. Ihre Nichtgreifbarkeit schmälert nicht ihre Realität, vielmehr zeugt sie von der Fähigkeit des Menschen, jenseits der physischen Welt zu denken, zu fühlen und zu handeln. Diese immateriellen Dimensionen sind lebendig und wirksam, prägen unsere Wirklichkeit und sind daher in ihrer Existenz unangreifbar.

Es gibt natürlich Menschen, die das bestreiten. Naturalistinnen und Naturalisten sagen etwa, dass alles, was existiert, aus Materie besteht und grundsätzlich alle Phänomene – unser moralischer Sinn, unser Bewusstsein etc. – aus materieller Interaktion resultieren. So darf man natürlich denken, und es lässt sich auch leicht sagen. Bei näherem Hinsehen ist die Lage aber gar nicht so einfach, wie sie vordergründig scheint. Das will ich gerne begründen. Lassen Sie mich versuchen, es am Beispiel des Bewusstseins zu verdeutlichen.

Weil die Bausteine unseres Gehirns kein Bewusstsein haben, kann unser Bewusstsein nicht rein auf das Gehirn reduziert werden. Der Atheist Thomas Nagel hat daher Recht, wenn er feststellt, dass es keine rein physikalische

Erklärung geben kann, wie es zur Versetzung des organischen Lebens mit einer Spur von Qualia kommt.[51] Die Moleküle in unserem Gehirn empfinden keinen Schmerz und haben auch keine Vorstellung davon, wie es ist, ein Molekül zu sein. Wenn nun die Einzelbestandteile kein Bewusstsein haben, liegt es nahe, dass sich aus ihnen auch keines zusammenbauen kann. Genauso wenig kann ich ein schwarzes Haus bauen, wenn ich nur weiße Steine zur Verfügung habe. Egal wie komplex die Struktur des Hauses ist, es wird keinen schwarzen Stein haben.

„Na ja", sagen nun manche. „Lassen wir materiellen Prozessen einfach genügend Zeit, dann entwickelt sich irgendwann daraus schon etwas Immaterielles. Vielleicht wissen wir in 400 Jahren sogar, wie so etwas funktionierten kann." Ich verstehe diesen Gedanken sehr gut. Aber das eigentliche Problem liegt nicht in einer momentanen Wissenslücke, sondern vielmehr darin, dass wir *grundsätzlich* ein Zugriffsproblem haben, die Erfahrungen der ersten Person mit den Begriffen der objektiven Wissenschaft der dritten Person erfassen zu wollen. Auch das will ich gerne an einem Beispiel erklären.

Stellen Sie sich vor, ein Mann kommt zu Ihnen und sagt: „Sie wurden durch eine Primzahl verursacht. Eine Primzahl ist die Ursache der gesamten Wirklichkeit." Sie sind verdutzt und äußern Zweifel an seiner Aussage: Eine Zahl kann doch nichts Materielles verursachen. Sie lassen sich aber auf den Gedanken ein und fragen freundlich zurück:

---

51 Vgl. T. Nagel (2016): *Geist und Kosmos. Warum die materialistische neodarwinistische Konzeption der Natur so gut wie sicher falsch ist.* S. 108.

„Nun gut. Aber welche Primzahl soll mich denn verursacht haben? Mir fällt keine Zahl ein, die einen Menschen verursachen kann." Der Mann antwortet: „Das stimmt. Ich kenne aktuell auch keine Primzahl, die einen Menschen verursachen kann. Aber es gibt unendlich viele von ihnen und wir kennen noch nicht alle. In 400 Jahren werden wir aber bestimmt die Primzahl gefunden haben, die dazu in der Lage ist."

Warum wird Sie das nicht überzeugen? Weil Sie etwas über Primzahlen wissen. Sie wissen, dass Zahlen nichts Materielles verursachen können. Dieses Wissen haben Sie auch über die Primzahlen, die Sie noch nicht kennen. Die Welt der Zahlen hat eine prinzipielle Grenze, wenn es um die Erklärung des Materiellen geht. Mein Punkt ist nun, dass es so aussieht, als wiese das Materielle eine ähnliche prinzipielle Grenze auf, wenn es um die Erklärung von Bewusstsein geht. Wir wissen etwas über Materie. Wir wissen, dass Materie nichts Immaterielles hervorbringen kann.

Für Naturalistinnen und Naturalisten gibt es aber ein noch größeres Problem, wenn es um die Frage geht: „Warum existiert etwas und nicht nichts?" Nehmen wir einmal an, der Naturalismus hat Recht und die Kategorien der Wirklichkeit sind wirklich allesamt auf materielle Prozesse zurückzuführen: Bewusstsein wäre das Resultat von komplexen Gehirnstrukturen und Mathematik, Logik und Moral ein menschliches Konstrukt. Stellen wir uns vor, alles existiere in einem unendlich großen und ewigen Multiversum. Wäre damit die Warum-Frage geklärt? Nein, wäre sie nicht.

Um das zu verdeutlichen, lassen Sie uns kurz zurück zum Bild der Dominosteine in der Wüste gehen. Die Tatsache, dass deren Dasein in der Wüste eine Erklärung benötigt, lässt sich nicht dadurch umgehen, dass wir die Anzahl, Größe oder Existenzdauer der Steine erhöhen. Das Vorhandensein unendlich vieler Steine ist genauso erklärungsbedürftig wie das Dasein eines einzigen Dominosteins, der in der Wüste herumliegt. Daran ändert sich auch nichts, wenn der Stein unendlich groß und/oder unendlich alt ist.

Eine Erklärung wäre erst dann zufriedenstellend, wenn sie sich in ihrem Wesen von den Merkmalen der Dominosteine unterscheidet. Ein unendlich großes und schon immer existierendes Multiversum wäre deshalb keine befriedigende Erklärung, warum etwas existiert, weil sich das Multiversum selbst aus kontingenten Dingen zusammensetzt – also aus solchen Dingen, die es gar nicht unbedingt geben muss. Nur weil es größer, älter und aus einer riesigen Anzahl von Kontigentem besteht, ist es deshalb noch keine gute Erklärung.

Das notwendig Existierende muss also *unabhängig* von den Eigenschaften kontingenter Dinge sein und aus sich selbst heraus existieren können. Stellen wir uns zur Veranschaulichung etwas vor, das die Grundlage für alles bildet – so wie die DNA das grundlegende Bauelement für die vielfältigen Formen des Lebens auf der Erde ist. Die notwendige Existenz wäre sozusagen „die DNA des Universums" – die Quelle von Materie, Information, Bewusstsein, Logik, Moral und Mathematik. Es ergibt viel Sinn anzunehmen, dass es sich bei dieser Quelle um einen theistisch verstandenen Schöpfergott handelt.

Warum? Weil Personen mit einem Bewusstsein und moralischen Sinn gerade dann zu erwarten sind, wenn die notwendige Existenz diese Merkmale ebenfalls besitzt. Nähmen wir eine unpersönliche Kraft als notwendige Existenz an, würden wir wieder bei unserem Konstruktionsproblem landen. Eine Kraft wie z. B. die Gravitation kann materielle Prozesse beeinflussen, hat aber keine moralische Dimension. Sie hat auch kein Bewusstsein, mit der sie Entscheidungen treffen könnte wie: „Heute ziehe ich die Erde näher zur Sonne." Sie wirkt immer gleich. Die notwendige Existenz ist aber Fundament von allem, was es gibt, auch von Moral und Bewusstsein. Es ergibt daher Sinn anzunehmen, dass ein Gott, der als autonom handelnder Akteur selbst eine bewusste Persönlichkeit ist und dessen Wesen den Maßstab des Guten darstellt, Wesen erschafft – uns Menschen –, die mit Bewusstsein und einem Sinn für Moralität versehen sind.

Wie sieht es mit Mathematik und Logik aus? Unter welchen Umständen ist ein Universum erwartbar, das nach mathematischen und logischen Gesetzen funktioniert? Wenn etwa eine Art von Ur-Energie oder Urkraft einen großen Knall auslöst und die Materie ins Dasein bringt? Das wäre in diesem Fall alles andere als erwartbar. Wir würden einen chaotischen Haufen erwarten, der sich zufällig und willkürlich verhält. Ein Schöpfergott hingegen würde etwas schaffen, das einem Plan folgt. Dem Plan in seinem Bewusstsein. So wie ein Architekt zunächst plant und berechnet und nach diesem Plan sein Vorhaben umsetzt, genauso wäre es erwartbar, dass ein Schöpfergott das Universum nach seinen eigenen logischen Gedanken plant und schafft.

Und wer nun fragt: „Aber warum existiert Gott und nicht nichts?“, den möchte ich gerne an den Anfang unserer Reise erinnern. Die Kontroverse liegt *nicht* darin, *ob* etwas Notwendiges existiert. Es ist vielmehr die Frage, *was* genau das ist. Wie gesagt, ist es plausibel, dass eine handelnde Person (wie Gott) andere Personen (uns Menschen) schafft. Es ist plausibel, dass wir als materielle Wesen ein Bewusstsein haben, weil Gott uns als erlebnisfähige Ich-Subjekte erschaffen wollte. Es ist plausibel, dass wir in einer materiellen Welt einen moralischen Sinn haben, weil es jemanden gibt, dessen Charakter selbst Maßstab des Moralischen ist. Es ist plausibel, dass Materie mit Information durchdrungen ist, weil Gott sie darin implementiert hat, damit sich natürliche Prozesse verständigen können. Es ist plausibel, dass es überhaupt etwas und nicht nichts gibt, weil es jemanden gibt, der entscheidungsfähig und mächtig genug ist, um ein Universum oder Multiversum zu erschaffen. So jemanden wie Gott.[52]

52 Allen, die sich vertieft mit diesem Argument auseinandersetzen möchten, sei unsere Podcastfolge „Warum existiert etwas und nicht nichts?“ mit Joshua Rasmussen, Professor für Philosophie von der Azusa Pacific University, ans Herz gelegt.

Grund 3: Die Frage der Wahrscheinlichkeit

These 3: Es ergibt Sinn, die Feinabstimmung des Universums auf einen Schöpfergott zurückzuführen.

Am 20. Dezember 2010 wurde bei YouTube ein Video hochgeladen, das für Aufsehen sorgte. Wir sehen darin Christopher Hitchens, einen der Gründungsväter des „Neuen Atheismus", der auf der Rückbank eines Autos in einem Gespräch sagt:

> „Irgendwann werden wir sicherlich alle danach gefragt, welches das überzeugendste Argument ist, dem wir von der anderen Seite begegnet sind. Ich denke, dass jeder von uns das Feinabstimmungsargument als das faszinierendste wählt."[53]

Die Faszination, von der Hitchens spricht, ist nach wie vor ungebrochen und schnell auf den Punkt gebracht: Die Wahrscheinlichkeit, dass unser Universum nicht bereits kollabiert und darin überhaupt Leben möglich ist, liegt – wenn alles natürlich abläuft – bei 10^{-136}. So die aktuellen Daten. Wer (wie ich) mathematisch unreligiös ist, sich diese Zahl aber gerne vor Augen führen will, dem empfehle ich Folgendes: Schreiben Sie auf ein Blatt „0 Komma" – notieren Sie nach dem Komma 135 Nullen und am Ende eine 1. Oder drehen Sie den Spieß einfach um: Schreiben Sie „99 Komma", schreiben Sie nach dem Komma 136-mal eine

53 C. Hitchens (2010): *Christopher Hitchens Fine Tuning.* https://t1p.de/k3g3b.

9 und dann am Ende ein Prozentzeichen. *So hoch* ist die Wahrscheinlichkeit, dass unser Universum tot sein müsste.

Und damit Sie mich nicht falsch verstehen: Dieses feine Gleichgewicht wird auch von Atheisten wie Christopher Hitchens, Richard Dawkins oder Stephen Hawking als *Feinabstimmung* benannt. Man kauft sich, wenn man diesen Begriff benutzt, also nicht gleich einen Akteur ein, der für die Feinabstimmung verantwortlich ist. Der Ausdruck ist weltanschaulich neutral – auch ich verstehe ihn so.

Erstmals untersucht wurde das Phänomen von Carter, Silk, Carr & Rees und Tipler und unter anderem von Adams, Alexander, Barnes, Barrow, Beale, Bradford, Braunstein, Carr, Davies, Dawkins, De Vuyst, Donoghue, Ellis, Falcke, Greene, Guth, Harrison, Hawking, Helbig, Hogan, Lewis, Linde, Livio, MacDonald, Mlodinow, Mullan, Naumann, Page, Penrose, Polkinghorne, Rees, Schellekens, Smolin, Susskind, Tegmark, Vilenkin, Wang, Weinberg und Wheeler bestätigt.[54]

---

54 Carter (1974), Silk (1977), Carr & Rees (1979), Davies (1983), Barrow & Tipler (1986), Weinberg (1994), Wheeler (1996), Rees (1999), Hogan (2000), Harrison (2003), Penrose (2004), Susskind (2005), Davies (2006), Dawkins (2006), Redfern (2006), Vilenkin (2006), Smolin (2007), Ellis (2007), Guth (2007), Linde (2008), Polkinghorne & Beale (2009), Hawking & Mlodinow (2010), Tegmark et al. (2006), Carr (2007), Donoghue (2007), MacDonald & Mullan (2009), Bradford (2011), Greene (2011), Page (2011), Schellekens (2013), Lewis & Barnes (2016), Alexander et al. (2016), Naumann (2017), Livio & Rees (2018), Adams (2019), De Vuyst (2020), Barnes (2021), Falcke (2022), Wang & Braunstein (2023) und Helbig (2023).

Wie manche trotz dieser überwältigenden Forschungslage sagen, dass aber z. B. Victor Stenger gezeigt habe,[55] dass es gar keine Feinabstimmung gäbe, ist mir unverständlich. Wir wissen vielmehr, dass etwa ein Drittel aller fundamentalen Konstanten aufsehenerregende Grenzwerte haben. Ich nenne einmal drei davon:[56]

- Wäre die *Kosmologische Konstante* um die Größenordnung 10^{-90} (also 0,00000000000000 00000000000000000000 000000000000000000000000000000000000000000000 000000000000000000000001) erhöht, hätte die Strukturbildung ausgesetzt, bevor überhaupt etwas entstanden wäre. Das Universum wäre eine dünne Wasserstoff- und Heliumsuppe, in der gelegentliche Teilchenkollisionen alles sind, was passiert. Wenn der Wert der Kosmologischen Konstante um 10^{-90} kleiner gewesen wäre, wäre das Universum kurz nach seiner Entstehung kollabiert.
- Wenn der *Vakuumerwartungswert* um den Wert 10^{-33} größer gewesen wäre, wäre das Periodensystem ausgelöscht; wäre er um den Wert 6×10^{-35} kleiner, wäre Wasserstoff instabil und die Entwicklung von Galaxien, Sternen und die Existenz von Leben verhindert worden.
- Wäre das frühe Universum zu stark positiv gekrümmt gewesen, wäre es vor der Bildung von Galaxien wieder kollabiert. Wenn es zu stark negativ gekrümmt gewesen wäre,

---

55 V. Stenger (2011): *The Fallacy of Fine-Tuning. Why the Universe Is Not Designed for Us.*

56 Wer einen Überblick über die anderen haben möchte, siehe hier: https://t1p.de/oi2mi.

wäre die Expansion zu schnell gewesen, um die Bildung von Galaxien zu ermöglichen.

Nachdem der theoretische Astrophysiker Luke Barnes alle Grenzwerte benannt hat, kommt er zum Ergebnis: „Kombiniert man unsere Berechnungen, liegt die Wahrscheinlichkeit eines Universums, das Leben zulässt und das rein materiell ist, bei 10^{-136}." Das ist der aktuelle Stand in der Forschung: Die Wahrscheinlichkeit, dass unser Universum tot sein müsste, liegt bei 99,9999999999999999999999999 99999999999999999999999999999999999999999999999999 99999999999999999999999999999999999999999999999999 99999999999999 Prozent.

So weit die rohen Zahlen aus dem Hause der Astrophysik, die weiterhin genau eines sind: *religionsneutral.* Die Frage ist daher, wie sich die wissenschaftlichen Erkenntnisse deuten lassen. Bei meinen Vortragsreisen bekam ich hierzu unterschiedlichste Reaktionen.

Reaktion 1: Das Multiversum

Leben wir vielleicht in einem Multiversum? Gibt es einen natürlichen Prozess, der immer neue Universen hervorbringt und in einem davon finden die Bedingungen genau die richtige Balance, um Leben zu ermöglichen? Wenn ja, wäre es eine Erklärung für die Feinabstimmung. Ich habe, gerade als Laie, keine Ahnung, welcher Seite ich mich anschließen soll: Viele Forscherinnen und Forscher stellen wegen der prinzipiellen Unbeobachtbarkeit des Multiversums dessen Idee überhaupt infrage. Auf der anderen Seite gibt es Leute, die all das als real betrachten, was von gesicherten

Theorien vorhergesagt wird. Andere sagen wieder, dass es aber in Wahrheit nicht *bekannte Physik > Multiversum*, sondern *bekannte Physik > hypothetische Physik > Multiversum* heißt. Wieder andere widersprechen.

Als Christ habe ich kein Problem mit einem Multiversum – im Gegenteil: Warum sollte ein kreativer und allmächtiger Gott nicht in der Lage sein, einen Mechanismus zu erschaffen, der ständig neue Universen mit unterschiedlichen Merkmalen hervorbringt? Warum sollte er sich mit einem *Uni*versum zufriedengeben, wenn er ein *Multi*versum erschaffen könnte? Zur Größe Gottes würde das wesentlich besser passen. Plantinga wirft sogar ein, dass gerade die Existenz des Multiversums für das Dasein Gottes spricht: Wenn jedes logisch mögliche Universum existiert, so Plantinga, muss auch ein Universum existieren, in dem Gott existiert – seine Existenz ist schließlich logisch möglich. Und da Gott allmächtig ist, müsste er folglich in jedem Universum existieren.

Mit der Existenz vieler Welten habe ich daher keine Sorgen, wohl aber mit der Annahme, dass ein materieller Prozess, der immer neue Universen hervorbringt, der Urgrund allen Daseins sein soll. Es bleibt dabei: Warum und wie ein rein materieller Prozess Menschen mit Bewusstsein, Intentionalität und Ich-Perspektive hervorbringen sollte, ist alles andere als zu erwarten.

Manchmal werde ich an dieser Stelle gefragt: „Okay, aber warum? Was will Gott mit einem Multiversum oder einem Gebilde wie der GN-z11-Galaxie, die gute 13,4 Milliarden Lichtjahre von der Erde entfernt ist? Für uns Menschen ist das alles ohne Belang.“ Meine Antwort darauf ist kurz: Ja, weit entfernte Galaxien oder ein Multiversum mögen für uns bedeutungslos sein – na und? Kann oder will Gott, wenn es ihn gibt, *nur* das erschaffen, was dem menschlichen Dasein dient? Ich sehe ehrlich gesagt keinen Anlass, warum dieses Bild von Gott, das ihm radikalen Anthroprozentrimus unterstellt, stimmen sollte. Die biblischen Texte geben uns keinen Grund, so über Gott zu denken.

Reaktion 2: Unwahrscheinliches passiert jeden Tag!

„Na und?", sagen andere. „Unwahrscheinliches passiert eben. Jeder von uns ist der beste Beweis dafür: Dass sich genau *meine* Eltern (und genau *deren* Eltern etc.) getroffen haben, sich gut verstehen und zusammenkommen, ein bestimmtes Spermium unzählige andere übertrifft – wenn ich all diese Wahrscheinlichkeiten zusammenrechne, erhalte ich eine außerordentlich geringe Wahrscheinlichkeit, dass es genau *mich* gibt. Aber *ich bin hier!* Wir müssen einfach akzeptieren, dass extrem unwahrscheinliche Dinge geschehen."

Ich verstehe den Punkt, die Sache ist nur: Hier geht es um Unwahrscheinlichkeiten von *gleichwertigen* Ereignissen: Wenn das Spermium erfolgreich eine Eizelle trifft, entsteht ganz sicher ein anderer Mensch. Aber nie etwas qualitativ *völlig anderes*. Beim Universum ist das nicht so: Hier sehen wir, dass aufgrund der Feinabstimmung etwas qualitativ anderes entsteht, nämlich ein Universum mit einer Struktur, die Leben erlaubt. Alle anderen Universen erlauben kein Leben.

Außerdem ist es nur verständlich, wenn man Unwahrscheinlichem skeptisch begegnet. Stellen Sie sich vor, Sie sitzen in einer Pokerrunde und Ihr Nachbar gewinnt die Runde bereits zum dritten Mal hintereinander mit einem Royal Flush. Sie werden misstrauisch. Seine Reaktion: „Locker bleiben. Unwahrscheinliches passiert eben." Diese Worte würden Sie nicht zufriedenstellen. Der Punkt ist: Was Beispiele wie dieses von den „unwahrscheinlichen" Fällen unterscheidet, ist eben die Möglichkeit – oder zumindest der Verdacht – einer besseren Erklärung. Auch das fehlt dem Beispiel *Vorfahren + Sperma + Ei = Ich.*

Reaktion 3: Es muss so sein!

Eine junge Frau sagte mir einmal: „Es überrascht nicht, dass wir uns in einem Universum wiederfinden, das Eigenschaften hat, die Leben ermöglichen: Wenn es sie nicht gäbe, wären wir als Beobachter gar nicht hier, sodass es auch keinen Grund gibt, sich darüber zu wundern."

Ich verstehe ihren Gedanken, er verpasst aber die entscheidende Frage: *Warum gibt es überhaupt Beobachter?* Es gibt viele mögliche Universen, in denen keine einzige Beobachtung gemacht werden kann. Warum existiert unser Universum und nicht eines davon? Die Aussage „*Wenn* es Beobachter gibt, *dann* gibt es auch ein Universum mit Beobachtern" beantwortet eben nicht die Frage: „Warum Beobachter?" Zu erwarten wäre schließlich zu beinahe 100 Prozent, dass es keine Beobachter gibt.

Der Philosoph John Leslie verdeutlicht das mit einer berühmt gewordenen Analogie: Stellen Sie sich vor, Sie stehen vor einem Erschießungskommando! 50 gut ausgebildete Scharfschützen stehen wenige Meter vor Ihnen und zielen auf Sie. Da erfolgt der Befehl: „Feuer!" Sie hören das Knallen der Gewehre und stellen kurz darauf fest, *Sie leben noch!* Sie erzählen einige Tage später einem Freund verblüfft davon, woraufhin er sagt: „Die Tatsache, dass du am Leben bist, braucht dich doch nicht zu wundern. Es ist schließlich die einzige Möglichkeit, warum du das beobachten kannst. Wenn dich die Kugeln getroffen hätten, wärst du ja tot."

Würden Sie ihm wirklich zustimmen und Ihre Verwunderung darüber, dass sie leben, wegwischen? Wahrscheinlich nicht. Sie würden – und das vollkommen zu Recht – wissen wollen: *Warum* lebe ich? Warum kann ich das beobachten? Genauso neugierig sollten wir dem Phänomen unseres Daseins begegnen – gerade, weil die Chancen dafür bei nahezu 0 Prozent stehen.

Reaktion 4: Das Universum ist lebensfeindlich! Keine Spur von Feinabstimmung.

„Sie scherzen!", schrieb mir jemand. „Der allergrößte Teil des Universums ist lebensfeindlich. Von Feinabstimmung auf Leben hin sehe ich keine Spur!" Ja, ich sehe den Punkt: Unser Universum ist voll von erstickend dünnem Gas, das entweder extrem kalt (-260 °C) oder extrem heiß (1.000.000 °C) ist, materiezerquetschende Schwarze Löcher kennt und manchmal sogar eine Supernova. Es stimmt also, dass die breite Fläche des Universums in der Tat lebensfeindlich ist.

Aber dieser Gedanke vergleicht die Bedingungen auf der Erde mit den Bedingungen anderswo im Universum und verfehlt genau deshalb den Punkt. Wir möchten wissen, warum *dieses* Universum die grundlegenden Eigenschaften hat, die es hat. Daher vergleichen wir unser Universum mit *anderen möglichen* Universen, nicht nur mit verschiedenen Orten *in* diesem Universum.

Reaktion 5: Es gibt noch tiefere Gesetze

„In 300 Jahren wissen wir mehr!", sagte jemand anderes zu mir. Und er hat Recht: Niemand glaubt, dass unsere aktuellen Erkenntnisse in der Physik das letzte Wort haben. In 300 Jahren werden wir sicherlich ganz anders denken. Aber wird der Fortschritt in der Wissenschaft, der vielleicht eine tiefere Gesetzmäßigkeit hinter der Feinabstimmung entdeckt, die Frage klären? Das ist der Punkt: Genau *das* wissen wir nicht, weil wir nicht wissen, was die tieferen Gesetze sind. Was wir wissen, ist, dass die Physik blind ist für das, was das Leben braucht. Und dennoch sind wir hier.

Vielleicht zeigt uns die Physik der Zukunft tiefere Gesetze, die einen höheren Grad an Feinabstimmung aufweisen. Vielleicht ist auch das genaue Gegenteil der Fall. Es ist daher recht parteiisch zu behaupten, dass der wissenschaftliche Fortschritt bzw. tiefere physikalische Gesetze die Frage, warum unser Universum so fein abgestimmt ist, beseitigen wird. Das ist nicht gesagt.

Reaktion 6: Gott braucht keine Feinabstimmung!

Und eine letzte Reaktion, die ich bekam: „Hätte Gott Leben hervorbringen wollen, hätte er das auch tun können, ohne die Naturkonstanten darauf einzustellen." Der Gedanke dahinter ist klar: Gott hätte doch auch in einem total lebensunfreundlichem Kosmos Leben erschaffen und erhalten, also ein lupenreines Wunder geschehen lassen können. Der vorhin erwähnte Martin Neukamm schlägt z. B. vor, dass Gott die Resonanz zwischen den Atomkernen Helium-4, Beryllium-8 und Kohlenstoff-12 hätte wegfallen lassen können, sodass Leben auf Kohlenstoffbasis nicht hätte natürlich entstehen können. *Das* wäre ein schlagender Beweis für die Existenz Gottes gewesen.[57]

Ich nehme diesen Vorschlag gerne auf und will ihn exemplarisch für viele Möglichkeiten sehen, die man sonst noch hätte einwerfen können. Und ich stimme zu: Ja, Gott *hätte* das tun können. Ich bezweifle aber stark, dass die Mehrheit – wenn besagte Resonanz fehlen würde – wirklich zum Schluss gekommen wäre: „Erstaunlich, hier geht es unnatürlich zu." Viel wahrscheinlicher wäre doch: „Ruhig Blut. Wir wissen *noch* nicht, wie es trotz dieser fehlenden Resonanz zur Entstehung von kohlenstoffbasierten Leben kam, es wird sich aber um einen natürlichen Prozess handeln. Es gibt keinen zwingenden Grund, einen Eingriff Gottes anzunehmen."

Nun könnte man einwenden: „Nein, das wäre wirklich eine große Nummer. Jeder mitdenkende Mensch müsste zum Schluss kommen, dass hier Gott wirkt. Es wäre also ein kluger Schachzug von ihm, Menschen von sich zu überzeugen." Ich finde solche Aussagen spannend, denn sie zeigen: Selbst die, die meinen, „Gott ist ein Luftschloss", haben oft ein ganz konkretes Bild davon, wie Gott ist oder zumindest sein müsste. Mir ist natürlich klar, dass glaubenskritische Menschen nicht wirklich denken, dass es Gott

---

57 Vgl. M. Neukamm (2015): *Das Argument der Feinabstimmung der Naturkonstanten.* https://t1p.de/n3bcr.

gibt. Aber das hindert sie interessanterweise trotzdem nicht daran, sich eine konkrete Vorstellung dieses (vermeintlichen) Luftschlosses zu machen.

Dieser vorgebrachte Einwand funktioniert nur dann, wenn das Gottesbild, das darin mit-schwingt, auch wirklich stimmt: „Wenn es Gott wirklich gäbe, würde er uns seine Existenz unmissverständlich und eindeutig klar machen." Aber wie zu Beginn dieses Kapitels bereits erwähnt: Dieses Gottesbild ist keines, wofür sich Christinnen und Christen stark machen. Weil diese Reaktion aber genau auf dem Bild des sich beweisen wollenden Gottes basiert, läuft sie letzten Endes ins Leere.

Meine Reaktion

Denken Sie gerne in Ruhe darüber nach: Ich sehe auch nach vielem ehrlichen und kritischen Durchdenken aller genannten Reaktionen keinen Grund dazu, die zweite These *Es ergibt Sinn, die Feinabstimmung des Universums auf einen Schöpfergott zurückzuführen* wegzustoßen. Dies ist nach wie vor eine intellektuell redliche Schlussfolgerung, die sich auf Wissen stützt und nicht auf Nicht-Wissen.

Manchmal wenden Leute an dieser Stelle ein, dass die Naturwissenschaften im Laufe der Zeit alle Fragen klären werden, so auch die Frage der Feinabstimmung. Aber ebenso wenig wie wir Gott als Lückenbüßer nehmen dürfen, sollten wir die Naturwissenschaften als solche anführen.

Im Moment ist die Situation, in der wir uns befinden – und das bis auf den tiefsten Grund der Physik – die, dass das Universum, in dem wir leben, überhaupt nicht den Erwartungen entspricht, wenn der Naturalismus stimmen würde. Es sieht vielmehr so aus, als wenn ein Gott einen Raum erschaffen wollte, in dem Menschen wie wir die Möglichkeit zum Leben und Überleben haben sollen. Anders gesagt: Für Theistinnen und Theisten passt die Tatsache, dass das Universum nicht kollabiert und Leben ermöglicht, obwohl die Wahrscheinlichkeit dafür bei nahezu 0 Prozent liegt, sehr gut zu ihrem Denken, dass es einen guten Gott gibt, der Menschen liebt, sie ins Dasein bringen und am Leben erhalten will. Wie der Religionsphilosoph Daniel von Wachter richtig anmerkt: „Gott hat genug Fähigkeiten und das Motiv, ein auf Leben feinabgestimmtes Universum hervorzubringen."

Grund 4: Die Frage der Anwendbarkeit

These 4: Es ergibt Sinn, die Anwendbarkeit der Mathematik auf die physikalische Welt auf einen Schöpfergott zurückzuführen.

„Wie ist es möglich", fragte Albert Einstein, „dass die Mathematik, die doch ein von aller Erfahrung unabhängiges Produkt des menschlichen Denkens ist, auf die Gegenstände der Wirklichkeit so vortrefflich passt?"[58] Einstein trifft damit einen Nerv, den einige Zeit später auch der Nobelpreisträger Eugene Wigner sieht, wenn er in seinem berühmten Aufsatz *The Unreasonable Effectiveness of Mathematics in the Natural Science (Die unverständliche*

58 A. Einstein (1921): Geometrie und Erfahrung. Wissenschaftlicher Festvortrag. In: D. Simon (Hrsg.): *Albert Einstein. Akademie-Vorträge.*

Wirksamkeit der Mathematik in den Naturwissenschaften) fragt: „Warum ist Mathematik so wahnsinnig effektiv?“ Er schreibt:

> „Der erste Punkt ist, dass mathematische Konzepte in völlig unerwarteten Zusammenhängen auftauchen. Außerdem erlauben sie oft eine unerwartet genaue Beschreibung der Phänomene in diesen Zusammenhängen. Zweitens können wir gerade wegen dieses Umstandes und weil wir die Gründe für ihre Nützlichkeit nicht verstehen, nicht wissen, ob eine Theorie, die in Form von mathematischen Begriffen formuliert ist, eindeutig angemessen ist.
>
> Wir befinden uns in einer ähnlichen Lage wie ein Mann, dem ein Schlüsselbund zur Verfügung gestellt wurde und der, als er mehrere Türen nacheinander öffnen musste, beim ersten oder zweiten Versuch immer den richtigen Schlüssel traf. Er wurde skeptisch, was die Einzigartigkeit der Koordination zwischen Schlüsseln und Türen betraf.“[59]

Die Skepsis ist berechtigt: Warum erklärt Mathematik die Physik überhaupt? Wie kann es sein, dass ein Theoretiker wie Peter Higgs allein durch mathematische Berechnungen die physikalische Existenz eines fundamentalen Elementarteilchens – des Higgs-Bosons – vorhersagen konnte, das Jahrzehnte später tatsächlich experimentell entdeckt wird? Higgs bekam dafür 2013 den Physik-Nobelpreis. Auch Einsteins Relativitätstheorie war rein mathematisch motiviert,

59 E. Wigner (1960): *The Unreasonable Effectiveness of Mathematics in the Natural Sciences*. https://t1p.de/o2yn3.

und auch er konnte sich nicht erklären, warum das physikalische Universum seinen Formeln entsprach. „Das ewig Unbegreifliche an der Welt ist ihre Begreiflichkeit“[60], hielt er erstaunt fest.

Wigner war einer derjenigen, der Einsteins Feststellung ausbuchstabierte. Er zeigt in seinem Aufsatz, dass mathematische Konzepte in völlig unerwarteten Zusammenhängen in der Physik auftauchen und oft eine unerwartet genaue Beschreibung der jeweiligen Phänomene ermöglichen. Und das nicht nur manchmal und ab und an. Wigner hält fest, dass mathematische Formulierungen in einer „unheimlichen Anzahl von Fällen“ zu einer erstaunlich genauen Beschreibung einer Vielzahl von physikalischen Phänomenen führen.

„Moment“, sagen hier manche. „Die Anwendbarkeit der Mathematik ist gar nicht rätselhaft. Es gibt schließlich etliche Bereiche der Mathematik, die keine Anwendbarkeit auf die physikalische Welt haben. Es ist daher kaum verwunderlich, dass der Physiker aus dieser Palette von Möglichkeiten einige mathematische Konzepte zur Beschreibung der Naturgesetze findet.“ Wigner schien diesen Einwand bereits erahnt zu haben, wenn er schreibt:

> „Es stimmt natürlich, dass die Physik bestimmte mathematische Konzepte für die Formulierung der Naturgesetze auswählt, und sicherlich wird nur ein Bruchteil aller mathematischen Konzepte in der Physik verwendet. Es stimmt auch,

---

60 A. Einstein (1936): Physik und Realität. In: *Journal of The Franklin Institute 221/3*. S. 315.

> dass die Konzepte, die ausgewählt wurden, nicht willkürlich aus einer Liste mathematischer Begriffe ausgewählt wurden, sondern in vielen, wenn nicht den meisten Fällen unabhängig von der Physik entwickelt wurden.
>
> Es stimmt auch, dass die ausgewählten Begriffe nicht willkürlich aus einer Liste mathematischer Begriffe ausgewählt wurden, sondern in vielen, wenn nicht den meisten Fällen unabhängig vom Physiker entwickelt wurden und dann als zuvor vom Mathematiker erdacht anerkannt werden. Es stimmt jedoch nicht, wie so oft behauptet wird, dass dies geschehen musste, weil die Mathematik die einfachsten möglichen Begriffe verwendet und diese zwangsläufig in jedem Formalismus vorkommen würden."

Für Wigner stellt sich also *nicht* die Frage, warum es mathematische Konzepte und Strukturen gibt, die auf physikalische Phänomene anwendbar sind, sondern im Gegenteil, warum die physikalische Welt eine Struktur aufweist, die sich so gut für eine mathematische Beschreibung ihrer Naturgesetze eignet. Als Naturalist kommt er zu dem Schluss:

> „Das Wunder der Eignung der mathematischen Sprache für die Formulierung physikalischer Gesetze ist ein wunderbares Geschenk, das wir weder verstehen noch verdienen. Wir sollten dafür dankbar sein und hoffen, dass es auch in der zukünftigen Forschung seine Gültigkeit behält und dass es sich zu unserer Freude, wenn auch vielleicht zu unserer Verblüffung, auf weite Bereiche der Wissenschaft ausdehnen wird."

Die Verwunderung, von der Wigner spricht, hält bis heute an. In ihrem Lehrwerk *Philosophie der Mathematik* (⁴2019) kommen die Mathematiker Thomas Bedürftig und Roman Murawski zum Ergebnis: „Wir haben die Frage nach der Anwendbarkeit von vielen philosophischen Standpunkten aus betrachtet und keine überzeugende Antwort gehört. Es ist gerade die rätselhafte Anwendung selbst, aus der die Mathematik die verlorene Wirklichkeit zurückerhält."[61] In einem Interview bei ZEIT Online im März 2020 bekräftigt Bedürftig seine Feststellung:

> „Wenn Mathematik mehr als Spielerei oder Experiment sein soll, dann muss sie die Evidenz von ihren Axiomen, ihren Grundregeln, erben, aber es ist unklar, warum die Axiome einen Wirklichkeitsbezug haben sollen oder evident sein sollen. Wir stehen ratlos vor dem Rätsel der Anwendbarkeit der Theorien."[62]

Schauen wir uns die jeweiligen Antworten an, dann stellen wir fest, dass die philosophischen Standpunkte, von denen Bedürftig und Murawski sprechen, sich in zwei große Lager einteilen lassen: *Realismus* vs. *Antirealismus*. Während Realisten sagen, dass mathematische Objekte unabhängig von menschlichem Denken existieren, meinen Antirealisten, dass mathematische Objekte Konstruktionen des menschlichen Geistes sind, die keine unabhängige Existenz haben.

---

61 T. Bedürftig; R. Murawski (2019): *Philosophie der Mathematik*. S. 457.
62 T. Bedürftig (2020): *„Wir stehen ratlos vor der Anwendbarkeit der Theorien."* https://t1p.de/flnel.

Schauen wir uns zuerst die realistische Erklärung an. Für *nicht-theistische* Realisten ist die Tatsache, dass Mathematik so gut zur Beschreibung der physikalischen Welt taugt, in den Worten von Mary Leng, Professorin für Philosophie mit dem Schwerpunkt Philosophie der Mathematik, als „glückliche Fügung" zu sehen. Auch der Philosoph und Physiker Gerhard Vollmer, einer der Wegbereiter der Evolutionären Erkenntnistheorie, beantwortet die Frage so: „In gewissem Sinne haben wir Glück gehabt, dass die Welt, in der wir leben, einfach genug ist, um durch einfache Theorien beschrieben werden zu können." Konkret darauf angesprochen, wie diese „Glückserklärung" einzuordnen ist, erinnert Martin Nowak, Professor für Mathematik und Biologie an der Harvard University vollkommen zu Recht daran, wie zutiefst unbefriedigend dieser Gedanke ist:

> „Die Antwort ‚Glück gehabt' ist keine wissenschaftliche Erklärung. Es ist eher eine Feststellung – eine Feststellung der Verwunderung. Wenn man die Wissenschaft z. B. fragt: ‚Warum ist es so, dass das Leben auf der Erde seine Energie, die notwendig für das Leben ist, von der Sonne bekommt?', dann würde sie nicht antworten: ‚Da haben wir Glück gehabt.' Sie würde sagen: ‚Wir verstehen physikalisch, wie sich ein Sonnensystem bildet und wie Planeten sich um Sterne bilden. Und die Sterne haben dann Fusion.' Eine wissenschaftliche Erklärung ist eben genau nicht: ‚Wir haben Glück gehabt.'"[63]

63 M. A. Nowak (21.01.2024): Ist Gott ein Mathematiker? [Audio-Podcast-Episode]. In: *Glaube ist frag-würdig. Der Podcast mit Denkangeboten für Skeptiker & Glaubende.*

Die einzige Möglichkeit für nicht-theistische Realisten, die „Glückserklärung" zu vermeiden, ist eine radikaler Schritt, wie ihn z. B. der MIT-Kosmologe Max Tegmark geht. Tegmark meint, dass der physikalisch konkrete Bereich gar nicht existiert. Seiner Meinung nach ist nur der abstrakte mathematische Bereich real. Alle beobachtbaren Objekte und Phänomene wie Planeten, Sterne, Bäume oder Moleküle sind im Grunde genommen mathematische Strukturen.

Der hohe Preis dieses Denkens ist vor allem die Auflösung der Grenze zwischen Abstraktem und Konkretem. Stimmt dieser Ansatz, befinden wir uns alle mitten in einer gigantischen Illusion. Denn wenn die physikalische Realität wirklich vollständig mathematisch wäre, wäre wohl eine der ungeheuerlichsten Konsequenzen: Entweder gibt es gar keine Personen oder Sie und ich sind abstrakte Objekte. Beides ist absurd. Wir haben keinen Grund, davon auszugehen, dass die konkrete Welt unwirklich ist. Es gibt daher nicht viele, die Tegmarks Radikalposition teilen.

Auch *theistische* Realisten lehnen diese radikale Ansicht ab. Sie argumentieren, dass Gott die Welt entsprechend der Struktur der von ihm gewählten mathematischen Objekte entworfen hat. Das ist im Wesentlichen die Ansicht, die bereits Platon vertritt: Gott schaut auf das von ihm erschaffene Reich der mathematischen Objekte und modelliert die Welt dementsprechend. Das Ergebnis ist, dass die Welt eine mathematische Struktur hat. Der britische Physiker John Polkinghorne schreibt hierzu:

> „Ich möchte behaupten, dass die befriedigendste und intellektuell überzeugendste Antwort, die ich kenne, in der theologischen Erfassung des Universums als göttlicher Schöpfung liegt. [...] Ich schlage vor, dass wir die Idee absolut ernst nehmen, dass es in der Tat der Geist des Schöpfers ist, der hinter der tiefen Ordnung des Universums liegt. Die wahnsinnige Effektivität der Mathematik, der unerwartete Einklang zwischen der inneren Vernunft unseres Geistes und der externen Vernunft der physikalischen Welt, kann dann auf die Tatsache zurückgeführt werden, dass unsere geistigen Fähigkeiten und die Struktur der Naturgesetze einen gemeinsamen Ursprung in der Vernunft des Schöpfers haben, der der Grund der Existenz sowohl der menschlichen Natur als auch der von uns bewohnten physischen Welt ist."[64]

Kommen wir zur Erklärung nicht-theistischer Antirealisten –, also derer, die sagen, dass mathematische Objekte nur menschliche Ideen sind. Für sie stellt sich die Frage, warum Mathematik ein so effektives Werkzeug zur Darstellung der physikalischen Welt ist, erst gar nicht. Es sei nun einmal notwendig, dass das Universum mathematisch verständlich ist. Es *muss* so sein. Aber stimmt das? Nun, wäre die Lösung des Rätsels tatsächlich so einfach, dass sich die physikalische Welt aus Notwendigkeit heraus genau die mathematische Struktur aneignen musste, die sie besitzt, dann wäre diese Frage längst keine mehr. Aber das Gegenteil ist der Fall.

---

64 J. C. Polkinghorne (2014): Ein verstehbares Universum. In: C. Tapp; C. Breitsameter (Hrsg.): *Theologie und Naturwissenschaften*. S. 147.

Der Grund dafür ist: Die Annahme, dass die physikalische Welt zwingend mathematisch beschreibbar sein muss, überzeugt nicht. Okay, vielleicht musste die Welt durch die Theoreme der *elementaren Arithmetik* (z. B. 1+2=3) beschrieben werden können. Geschenkt. Aber was ist mit den anderen Bereichen der Mathematik, insbesondere den höheren? Wigner nennt beispielhaft drei mathematische Modelle, durch die physikalische Phänomene präzise beschrieben und vorhergesagt werden können: das zweite Newtonsche Gesetz, die elementare Quantenmechanik und die Quantenelektrodynamik. „Diese Beispiele", so führt er aus, „die sich fast beliebig vermehren ließen, sollten die Angemessenheit und Genauigkeit der mathematischen Formulierung der Naturgesetze in Form von Begriffen veranschaulichen."

Der Punkt ist nun: Warum *muss* es so sein, dass Mathematik in der Lage ist, ein so breites Spektrum an physikalischen Phänomenen zu erklären, angefangen bei der Bewegung makroskopischer Objekte bis hin zu Wechselwirkungen auf subatomarer Ebene? Warum ist es *undenkbar*, dass solche physikalischen Bereiche z. B. stattdessen ein mathematisches Chaos darstellen könnten? Das ist problemlos denkbar! Unser Universum wäre dann in etwa so wie die Welt in *Alice im Wunderland*, in der die Ereignisse oft keinen klaren Regeln folgen und spontan und unvorhersehbar sind. Weil es denkbar ist, dass unser Universum *so hätte sein können*, greift die Erklärung, dass es gar nicht anders sein kann, nicht. Wie gesagt: Wäre es so einfach, wäre die Frage längst vom Tisch.

Der *theistische* Antirealist hat dagegen eine Erklärung für die Anwendbarkeit der Mathematik: Gott hat die physikalische Welt nach einem bestimmten mentalen Modell erschaffen, das er im Sinn hatte. Das war z. B. auch die Ansicht des Philosophen Philo von Alexandria. Für einen jüdischen Theisten wie Philo existiert das Reich der Ideen nicht – wie z. B. Platon meint – unabhängig von Gott, sondern ist der Inhalt von Gottes Geist. Philo gibt folgende Analogie: Ein König möchte eine Stadt bauen und stellt einen Architekten ein, der in seinem Kopf einen Plan für alle notwendigen Komponenten entwirft. Dann wird die Stadt gebaut, wobei sich immer wieder auf den mentalen Plan des Architekten bezogen wird, um sicherzustellen, dass die physischen Objekte dem Modell entsprechen. Theistische Antirealisten argumentieren analog: Mathematik und Physik arbeiten so gut zusammen, weil derselbe Verstand, der das Universum nach einem mathematischen Modell entworfen hat, auch das Universum nach demselben mathematischen Modell gestaltet hat.

Wir halten fest: Theistinnen und Theisten haben, unabhängig davon, ob sie den mathematischen Realismus oder Antirealismus vertreten, die Mittel, um die Anwendbarkeit der Mathematik auf die physikalische Welt mühelos zu erklären. Ganz im Gegensatz zu Naturalistinnen und Naturalisten: Weder die Erklärung „Wir hatten Glück" noch die Erklärung „Es muss so sein, es geht gar nicht anders" sind überzeugend. Der Theismus erklärt besser als der Naturalismus, warum Mathematik so präzise zur Realität passt, obwohl sie doch ein von aller Erfahrung unabhängiges Produkt des menschlichen Denkens ist. Vor dem Hintergrund des Gesagten freue ich mich, dass ich intellektuell redlich bleibe, wenn ich sage: Es ergibt Sinn, die Anwendbarkeit der Mathematik auf die physikalische Welt auf einen theistisch verstandenen Schöpfergott zurückzuführen. Gottes Gedanken sind mathematisch, und nach diesen Gedanken hat er das Universum erschaffen. In den Worten von Sir James Jeans: „Gott ist ein Mathematiker."

„Was bedeutet das nun für mich?"

Ich möchte diesen Abschnitt mit einem YouTube-Kommentar beginnen, den jemand Anfang 2024 unter eines meiner Videos schrieb, in dem ich auch für das Dasein Gottes plädierte:

> „Ich bin zwar ein bekennender Gegner Ihrer Schlussfolgerungen, erkenne aber an, dass das Video gut gemacht ist. Allerdings ist mir nicht klar, was ich damit jetzt anfangen soll. Nehmen wir mal einen Moment an, das Video hätte mich überzeugt, also Gott hat vor 13,8 Milliarden Jahren den Urknall angestoßen und die Feinabstimmung so getunt, dass es uns wirklich gibt. Tolle Leistung! Und was bedeutet das nun für mich?
>
> Soll ich jetzt in die Kirche rennen, womöglich noch in eine katholische und zu ihm beten? Nur weil ich zufällig in Europa geboren wurde? Wäre ich am Jordan geboren in eine Synagoge? Oder am Nil in eine Moschee? Also wäre es eine logische Reihe ‚Existenz Gott -> Religion -> Kirche?' Und was soll ich da machen? Beten? Also quasi zu mir selbst sprechen? Nein, da bleibe ich doch lieber bei meinem naturwissenschaftlichen

Weltbild, welches völlig ohne Gott auskommt, damit mir der Gang in ein sog. Gotteshaus erspart bleibt."[65]

Diese aufrichtigen Gedanken haben mich so sehr begeistert, dass ich sie in dieses Buch aufnehmen wollte. Die Frage *Und was bedeutet das nun für mich?* ist schließlich goldrichtig an dieser Stelle. Hier meine Antwort:

> „Vielen Dank für Ihre ehrlichen Überlegungen. Ihre Frage ist berechtigt: Was bedeutet das für Sie? Mein Vorschlag: Nichts von dem, was Sie an Ideen skizziert haben. Mein Plädoyer will ‚nur' eine Fürsprache für den Theismus sein. Es will zeigen, dass es eine vernünftige Überzeugung ist, von der Existenz eines theistisch verstandenen Schöpfergottes auszugehen. Es geht nicht so weit zu sagen: ‚… und deshalb werde Christ/Jude/Muslim.'
>
> Ich stimme Ihnen völlig zu: Das ‚Geografie-Argument' ist denkbar schlecht! Herkunft entscheidet nicht über Wahrheit. Und beten ist zwar nie verkehrt, in Ihrem Fall aber vielleicht doch etwas verfrüht. Sie fragen ja richtig – und ich formuliere es mal etwas flapsig: ‚In welchem Regal im Supermarkt der Religionen soll ich denn nun zugreifen?' Aber wie Sie selbst durchscheinen lassen: Es gibt gute Gründe, dieser Frage ernsthaft nachzugehen. Ich plädiere also nicht für die Reihenfolge ‚Existenz Gottes -> Religion -> Kirche', sondern für ‚Existenz Gottes -> Welche Religion liefert mir gute Gründe, mich näher mit ihr zu beschäftigen?'

---

65 Einsehbar unter dem Video *Gibt es Gott? Vier Gründe für die Existenz Gottes*. https://tip.de/n8k35.

Und nehmen wir nur einmal an, Sie würden am Ende wirklich zum Schluss kommen, dass Sie die Gründe, die für den christlichen Glauben sprechen, am überzeugendsten finden: Das käme keinem Zwang gleich, der katholischen (oder evangelischen) Kirche beizutreten. Auch hier würde ich zur Ruhe raten: Welche Christinnen und Christen überzeugen Sie am meisten? Mein Rat wäre nur: Finger weg von Gruppierungen, die sich nach außen hin abschotten, Denkverbote aussprechen, Personenkult betreiben, finanzielle Interessen hegen und/oder die Kontrolle ihrer Mitglieder in vielen (oder gar allen) Lebensbereichen anstreben."

Diese Worte gelten natürlich auch Ihnen, liebe Leserinnen und Leser. Wenn Sie auch nur einer der vorgebrachten Gründe überzeugen konnte, dass das Dasein Gottes Sinn ergibt, lassen Sie sich gerne für den Gedanken von C. S. Lewis gewinnen. Er sagt: „Wenn die Sache mit Gott falsch ist, dann ist sie absolut bedeutungslos. Wenn sie aber stimmen sollte, ist sie von unendlicher Bedeutsamkeit. Das Einzige, was sie nicht sein kann: ein bisschen wichtig." Genauso treffend formulierte es der BILD-Journalist Daniel Böcking in einer meiner Podcastfolgen: „Wenn man *ewiges Leben* im Laden kaufen könnte, wäre ein reicher Mensch gewillt, ein paar Millionen Euro dafür hinzulegen."

Mir ist klar, dass die Verheißungen des Glaubens nicht wahr sein müssen, weil sie gut klingen. Fairerweise muss man aber berücksichtigen: Sie müssen deshalb auch nicht falsch sein. Ich bleibe daher dabei: Nicht *die Glaubensinhalte* haben darüber zu entscheiden, ob man der Frage nach Gott weiter nachgeht. Denn was wäre die Folge? Der einen missfällt das, deswegen winkt sie ab. Der anderen gefällt dies, deshalb bleibt sie dran. Was für eine Willkür, die mit ernsthafter Wahrheitsfindung nichts zu tun hat. Ich weiß nicht, wie es Ihnen geht: Ich lebe zum ersten Mal. Und mein Leben ist mir so kostbar und wertvoll, dass ich darin nur das haben will, was sowohl mein Herz als auch meinen Verstand überzeugt. Dieser Mix ist mir sehr wichtig.

KAPITEL 4:
Gott und Leid (Teil 1)

In den letzten Kapiteln bin ich mit Ihnen einige Einwände durchgegangen, die Menschen heutzutage nennen, um dem Thema „Gott und Glaube“ freundlich abzusagen. Ich habe dabei versucht zu zeigen, dass die Einwände zwar berechtigt sind, aber bei näherem Nachdenken nicht so stark, dass sie eine grundsätzliche Absage rechtfertigen. Das gilt selbst für einen der größten Felsen des Atheismus, nämlich das Argument der Verborgenheit Gottes. Im Gegenteil: Es gibt gute Gründe dafür, die Annahme ernst zu nehmen, dass ein theistisch verstandener Schöpfergott wirklich existiert.

Wie überzeugend ist das alles aber noch, wenn es zum größten aller Felsen kommt: Warum lässt Gott Leid zu? Meine erste Reaktion ist, dass die Argumente aus dem vorigen Kapitel *nichts* an Schlagkraft verloren haben! In ihrer Gesamtheit stellen sie nach wie vor ein starkes Plädoyer für den Theismus dar. Die Frage lautet daher: Wie stark wackelt diese Dafürsprache, wenn sie mit dem Übel in der Welt konfrontiert wird?

In diesem Kapitel will ich einen ersten Aufschlag zur Beantwortung dieser Frage machen, bei dem sich auch Jüdinnen und Juden, Musliminnen und Muslime wiederfinden können. Sie alle werden schließlich gefragt, wie das mit Gott und dem Leid sein kann. Es dürfte aber klar sein, dass die Frage nach dem Leid immer zuerst eine emotionale und erst an zweiter Stelle eine intellektuelle ist. Es ist ein dramatischer Unterschied, ob ein Mensch die Frage „Warum lässt Gott das zu?“ als jemand stellt, der selbst schweres Leid durchlebt. Oder als jemand, der als Zuschauer und aus verstandesmäßiger Neugierde über die Not auf der Welt nachdenkt.

Mir ist klar, dass man eine Frage, die nicht rein theoretischer Natur ist, nicht rein theoretisch beantworten kann. Trotzdem will ich mich solchen Fragen nicht verschließen. Sie haben ihren Platz. Eine von ihnen reicht bis ins 3. vorchristliche Jahrhundert zurück. Hier, so sagt man, stellte der Philosoph Epikur die Frage, wie der Glaube an einen allliebenden und allmächtigen Gott angesichts des in der Welt vorhandenen Leids und Bösen aufrechterhalten werden kann?

Das logische Problem des Leids

Für Epikur stellte sich das logische Problem von Leiden und Bösem wie folgt dar: Wenn Gott das Böse verhindern will, aber nicht kann, dann ist er nicht allmächtig. Wenn er das Böse verhindern kann, aber nicht will, dann ist er nicht gut. Aber wenn er sowohl willig als auch fähig ist, wie kann das Böse dann existieren? Und wenn er weder fähig noch willig ist, warum nennt man ihn dann Gott? Mit anderen Worten: Es ist logisch unmöglich, dass sowohl Gott als auch Leiden existieren, aber wir wissen sehr gut, dass Leid existiert. Daher existiert Gott nicht.

Ist das ein gutes Argument? Nicht wirklich, denn bei näherem Nachdenken ist es logisch gar nicht unmöglich, dass beide Aussagen gleichzeitig wahr sind. Ein Widerspruch besteht z. B. bei den Sätzen „Vor mir steht eine Tasse“ und „Vor mir steht keine Tasse“. Oder wenn jemand sagt, dass er ein rundes Quadrat gezeichnet hat.

Bei den Aussagen „Gott existiert“ und „Leid existiert“ gibt es dagegen keinen Widerspruch. Was wir hier haben, sind versteckte Annahmen. Decken wir sie auf, wird klar, dass das, was zuerst widersprüchlich scheint, in Wirklichkeit kein echter Widerspruch ist. Die erste verstecke Annahme lautet: *Wenn Gott allmächtig ist, kann er jede Welt erschaffen, die er will.* Die zweite versteckte Annahme lautet: *Wenn Gott allgütig ist, bevorzugt er eine Welt ohne Leiden.* Wenn diese beiden Vermutungen stimmen, dann folgt daraus wirklich: Wenn ein allmächtiger, allgütiger Gott existieren würde, dann würde es kein Leid geben. Da Leid aber existiert, existiert Gott nicht.

Aber stimmen die beiden versteckten Annahmen? Schauen wir uns zunächst die erste Annahme an: Kann Gott wirklich *jede* Welt erschaffen, die er will? Was ist, wenn er eine Welt möchte, die von Menschen mit freiem Willen bevölkert ist? In diesem Fall ist es selbst für Gott logisch unmöglich, jemanden zu zwingen, sich freiwillig dafür zu entscheiden, Gutes zu tun. Freie Entscheidungen zu erzwingen, ist wie ein rundes Quadrat zu malen. Es ist logisch nicht möglich.

Kann Gott also jede Welt erschaffen, die er will – z. B. eine, in der ausschließlich Gutes geschieht? Wenn ihm daran gelegen ist, Menschen mit freiem Willen hervorzubringen, dann ist die Antwort *nein*. Freier Wille bedeutet, dass Menschen die Möglichkeit haben müssen, sowohl Gutes als auch Schlechtes zu wählen. So ist es in einer Welt mit freiem Willen nicht möglich, dass ausschließlich Gutes geschieht. Daher ist die erste versteckte Annahme nicht notwendigerweise wahr.

Was ist mit der zweiten Annahme? Bevorzugt Gott auf jeden Fall eine Welt ohne Leiden? Nein, das muss nicht so sein. Wenn es auch nur *möglich* ist, dass Gott Leiden zulässt, um ein größeres Gut zu erreichen, dann können wir nicht sagen, dass diese Annahme *notwendigerweise wahr* ist. Es ist z. B. möglich, dass sich in einer Welt mit weniger Leid letztendlich weniger Menschen freiwillig für Gott entscheiden als in unserer aktuellen Welt. Eine solche Welt wäre für Gott, der laut Bibel möchte, dass so viele Menschen wie möglich errettet werden, nicht die bevorzugte Wahl.

Damit das logische Problem des Leidens erfolgreich ist, muss der Skeptiker zwei Dinge zeigen: zum einen, dass die Existenz des freien Willens logisch unmöglich ist[66] und zum anderen, dass es logisch unmöglich ist, dass Gott gute Gründe haben kann, Leid zuzulassen. Diese Beweislast ist

---

66 Was gerade angesichts der guten Argumente *für* das Dasein des freien Willens schwer werden dürfte. Vgl. z. B. C. List (2021): *Warum der freie Wille existiert*; A. Mele (2014): *Free: Why Science Hasn't Disproved Free Will*; E. Nahmias (2015): Why We Have Free Will. In: *Scientific American*. https://t1p.de/nma8h; A. Roskies (2011): *Why Libet's Studies Don't Pose a Threat to Free Will*. https://t1p.de/2fgpo.

aber zu schwer: Es ist möglich, dass beides existiert, Leid und ein allmächtiger und allliebender Gott.

Deshalb haben Philosophen das logische Problem des Bösen aufgegeben. Der Atheist John L. Mackie, immerhin einer der einflussreichsten Philosophen des 20. Jahrhunderts, schreibt ganz unaufgeregt: „Wir können zugeben, dass das Problem des Bösen schließlich doch nicht zeigt, dass die zentralen Lehren des Theismus logisch miteinander unvereinbar sind."[67] Nichts anderes hören wir vom Atheisten und Philosophen William Rowe: „Einige Philosophen haben behauptet, dass die Existenz des Bösen logisch unvereinbar mit der Existenz eines theistischen Gottes ist. Niemand, denke ich, hat es geschafft, eine so extravagante Behauptung zu beweisen."[68] Kurz: Das logische Problem des Leids ist nur ein Scheinproblem.

Das Wahrscheinlichkeitsproblem

Es kann natürlich immer noch gesagt werden, dass es zwar *logisch möglich* ist, dass sowohl Gott als auch das Leid existieren, aber trotzdem *nicht wahrscheinlich*. Es gibt einfach so viel sinnloses Leid, dass es unwahrscheinlich erscheint, dass Gott gute Gründe haben könnte, es zuzulassen. Das ist das sogenannte *Wahrscheinlichkeitsproblem des Leids*.

---

67 J. L. Mackie (1982): *The Miracle of Theism*. S. 154.
68 W. Rowe (1979): The Problem of Evil and Some Varieties of Atheism. In: *American Philosophical Quarterly 16*. S. 335.

Und auch hier fragen wir: Ist es ein gutes Argument? Nun, Wahrscheinlichkeiten sind immer relativ zu den Hintergrundinformationen. Stellen Sie sich vor, Lisa diskutiert über die Wahrscheinlichkeit, dass ein neues, kleines Technologie-Start-up in einem hart umkämpften Markt erfolgreich sein wird. Und sie lacht: „Es ist absolut unwahrscheinlich, dass dieses Start-up gegen die großen, etablierten Unternehmen bestehen kann." Ihre Einschätzung scheint auf den ersten Blick vernünftig, da viele Start-ups in solchen Märkten tatsächlich scheitern.

Aber was ist, wenn Lisa nicht alle relevanten Informationen kennt? Das Start-up könnte z. B. eine revolutionäre Technologie oder ein Geschäftsmodell entwickelt haben, das es ihm ermöglicht, sich effektiv von der Konkurrenz abzuheben. Oder vielleicht hat es ein erfahrenes Management-Team und robuste Finanzierungsquellen, die seine Chancen auf Erfolg deutlich erhöhen. Solange auch nur eines dieser Szenarien *möglicherweise* wahr ist, kann Lisa nicht mehr behaupten, dass es unwahrscheinlich ist, dass das Start-up am Markt bestehen kann.

Wenn wir *nur* das Leid in der Welt betrachten, mag Gottes Existenz unwahrscheinlich erscheinen. Wenn wir uns aber *die gesamte Bandbreite* der Informationen vor Augen führen, ist die Sache nicht mehr so einfach. Auf der einen Seite mag das Übel in der Welt gegen Gottes Dasein sprechen. Auf der anderen Seite ergibt es viel Sinn, den Urgrund aller Dinge, die Feinabstimmung des Universums oder die Anwendbarkeit der Mathematik auf die physikalische Welt auf einen transzendenten Schöpfergott zurückzuführen. Wir sehen, dass nicht nur das logische Problem, sondern auch das Wahrscheinlichkeitsproblem des Leids bei näherem Nachdenken nicht haltbar sind. Mir ist klar: Damit sind wir natürlich noch lange nicht über den Berg, was die Frage angeht, warum Gott das Leid in der Welt zulässt. Das emotionale Problem besteht nach wie vor. Wir werden uns damit näher in Kapitel 8 beschäftigen.

KAPITEL 5:
Die Qual der Wahl

Es mag sein, dass ich Sie mit dem letzten Kapitel für den Gedanken gewinnen konnte, dass es Sinn ergibt, vom Dasein eines theistisch verstandenen Schöpfergottes auszugehen. Auch und gerade heute. Wenn dem so ist, merken Sie bestimmt bereits, dass das Denken jetzt erst so richtig losgeht! Denn selbst wenn man davon ausgeht, dass Gott existiert, ist noch nichts darüber gesagt, *welche* Glaubensrichtung ernsthaft in Betracht gezogen werden sollte.

Und wie bereits erwähnt stimmt eine Weltsicht natürlich nicht deshalb, weil man mit ihr groß geworden ist oder vielleicht nur sie kennengelernt hat. Bis zum Ende des Mittelalters war etwa das geozentrische Weltbild in Europa allgemein verbreitet. Kinder wuchsen mit dem Gedanken auf und nahmen ihn mit in ihr Erwachsensein, dass die Erde im Zentrum des Universums steht. Das war die bestimmende Weltsicht der damaligen europäischen Kultur. Richtig war sie deshalb nicht.

Sie werden verstehen, worauf ich hinauswill: Weltbilder sind nicht per se richtig. Wer z. B. denkt, dass seine christliche Sicht stimmt, weil seine Eltern Christen sind und er schon immer in eine christliche Gemeinde gegangen ist, der hat schlicht und ergreifend ein schlechtes Argument im Sinn. Diese berechtigte, wenn auch unbequeme Gardinenpredigt gilt auch jeder Person: Naturalistin, Muslima, jedem Juden, Buddhisten etc. Alle müssen sich das vollkommen zu Recht anhören.

Haben nicht alle irgendwie Recht?

Kritik müssen sich aber auch die Relativistinnen und Relativisten gefallen lassen. Und gerade in der westlichen Kultur, in der der Trend zum Relativieren immer stärker wird, überrascht es nicht, wenn Menschen fragen: „Sag mal: Haben nicht alle irgendwie Recht? Führen nicht alle Religionen zu Gott?“ Vorweg: Ich kann den friedfertigen Gedanken, der hinter dieser Frage steckt, nur gutheißen. Schwer tue ich mich nur damit, wenn (indirekt) gesagt wird: „Der Preis des Friedens ist es, das logische Denken einzustellen. Entscheide dich!“ Was meine ich damit? Nun, mein Punkt ist einfach: *Wenn sich zwei Leute in einer Sache widersprechen, können nicht beide richtig liegen.*

Buddhisten und Muslime widersprechen sich bereits in der Frage, ob Gott überhaupt existiert. Während erstere die Existenz Gottes verneinen, pochen zweitere (und nicht nur sie) vehement darauf. Aber nur einer kann Recht haben! Oder: Muslime und Christen widersprechen sich im Punkt der Kreuzigung Jesu. Während die einen nach Sure 4, 157 davon ausgehen, dass Jesus „weder getötet noch gekreuzigt“ wurde, ist die Kreuzigung Jesu einer der zentralen Bestandteile des christlichen Glaubens. Nur einer kann Recht haben! Auch die zentrale Frage, wie Gott ist, beantworten beide völlig anders: Während Christinnen sagen, dass wir es bei Gott mit *einem Wesen* zu tun haben, das drei „Ichs" hat, sagen Muslime, dass Gott *nicht* so ist.

Verstehen Sie mich bitte richtig: Ich setze mich nachdrücklich für ein friedliches Zusammenleben aller Menschen ein. Aber ich weigere mich zu glauben, dass das nur durch Missachtung der Logik funktionieren kann. Wer logisches Denken ernst nimmt, der kann einfach nicht sagen: Alle Religionen haben irgendwie Recht. Das darf nicht so verstanden werden, als sei der interreligiöse Dialog dazu verdammt, intolerant zu sein. Ganz im Gegenteil. Ich denke, gerade Christinnen und Christen sollten sich für ein Toleranzverständnis wie das folgende stark machen:

> Als Christ habe ich eine Weltsicht, die ich für überzeugend halte. Aber ich kann es problemlos aushalten, wenn andere Leute sagen, dass der Islam, der Hinduismus, der Naturalismus etc. die richtige Sichtweise ist. Ich teile diese Ansicht zwar nicht und denke sogar, dass mein Gegenüber hier nicht richtig liegt. Trotzdem werde ich jeder Person stets mit vollem Respekt, echter Freundlichkeit und voller Wertschätzung begegnen. Nicht nur in der Theorie, sondern auch in der Praxis!

Ich halte diese Einstellung für richtig, da sie einfach „bibel-kompatibel" ist. Im Neuen Testament, dem Gründungsdokument des Christentums, lesen wir, dass uns Jesus Folgendes zumutet: „Ich bin der Weg, die Wahrheit und das Leben. Niemand kommt zu Gott, dem Vater, außer durch mich." (Jh 14,6) Und im gleichen Neuen Testament sagt er: „Liebt eure Feinde; tut denen Gutes, die euch hassen; segnet die, die euch verfluchen; betet für die, die euch Böses tun.“ (Lk 6,27)

Jesus fordert Christinnen und Christen also dazu heraus, jedem Menschen, selbst dem, der einem nichts Gutes will, mit höchster Wertschätzung zu begegnen! Nicht einfach nur mit Toleranz, sondern sogar mit Liebe. *So* sieht der Umgang mit Menschen aus, für den sich Christenmenschen stark machen sollen. Toleranz richtig verstanden steht dann auch nicht mehr im Widerspruch zu einem absoluten Wahrheitsanspruch. Es ist sehr gut möglich, auf diese Art und Weise tolerant zu sein und zugleich einen Wahrheitsanspruch zu erheben.

Ich würde sogar so weit gehen und sagen, dass man für das werben darf, was man für die Wahrheit hält. Natürlich mit der klaren Einschränkung, dass dieses Werben nur höflich und mit den Mitteln des Arguments geschehen darf.[69] Es gilt also, positiv um die Wahrheit zu ringen: Es gelingt einfach nicht, allen Religionen die gleiche Gültigkeit zuzusprechen – zumindest dann nicht, wenn man sie und ihre Kernaussagen ernst nimmt. Das Ganze hat also durchaus etwas mit Respekt zu tun.

Wo beginnen?

Ich kenne diese Frage sehr gut – sie war einst auch meine. Mit welcher Glaubensrichtung befasse ich mich im

69 Vgl. M. Clausen (2016): *Ich denke, also bin ich hier falsch?* S. 56.

Supermarkt der Religionen als Erstes? Und mir war klar: Nur, weil ich im „christlichen“ Deutschland lebe, heißt das nicht, dass der christliche Glaube wahr ist. Nein, ich war und bin ein prinzipiell offener Mensch. Auch die Argumente, die für das Dasein eines theistisch verstandenen Schöpfergottes sprachen, schienen mir Sinn zu ergeben.

Das änderte aber nichts daran, dass ich immer erst Gründe hören wollte, *warum* etwas geglaubt wird. Was ist der Startpunkt, sprich die erste Zeile, der jeweiligen Glaubensrichtungen? Welchen Grund sollte ich haben, die Glaubwürdigkeit der Bibel, des Qur'āns, der (hinduistischen) Veden oder der (buddhistischen) Sūtra prinzipiell in Betracht zu ziehen? Mit dieser Frage machte ich mich auf die Suche nach Leuten, die sie mir beantworten konnten.

Muslime sagten mir: Der Islam ist wahr, weil – wie Muhammed sagte – der Erzengel Gabriel ihm den Qur'ān diktiert hat. Als Überprüfungsmöglichkeit dieser Behauptung führten sie erfüllte Prophetien und die sprachliche Qualität des Qur'āns an, die nicht von Menschen stammen könne. Ich kann natürlich nur für mich sprechen, aber diese Begründungen erschienen mir – bei allem ehrlich gemeinten Respekt – recht „dünn“. Erstens erschien mir das Argument des unnachahmlichen Sprachstils zu subjektiv: Wer bestimmt und beurteilt das? (Und spricht dann auch die sprachliche Exzellenz von Goethes *Faust* für einen Akt Gottes?) Zweitens erschienen mir die bestätigten wissenschaftlichen Erkenntnisse und erfüllten Prophetien, nachdem ich sie mir einmal konkret vorstellen ließ, eher „herbeiargumentiert“ als wirklich überzeugend.

Hindus sagten mir: Der Hinduismus ist wahr, weil – wie die Rishis[70] behaupteten – der Mensch einem Kreislauf an Wiedergeburten unterworfen ist, dem man durch die „Yoga-Wege" entrinnen kann. Als Möglichkeit zur Überprüfung dieser Behauptung sagte man mir, dass ich durch meditative Selbsterfahrung auch zu dieser Einsicht gelangen kann. Buddhisten redeten ähnlich: Der Buddhismus ist wahr, weil – wie Siddharta Gautama (bekannt als Buddha) behauptete – der Mensch den Wiedergeburtskreislauf mithilfe des *Edlen Achtfachen Pfades* durchbrechen kann. Als Überprüfungsmöglichkeit dieser Behauptung schlug man mir (wie beim Hinduismus) die kontemplative Selbsterfahrung vor. Auch dies erschien mir keine wirklich überzeugende – da viel zu subjektive – Begründung zu sein: Die Gefahr der Autosuggestion erschien mir viel zu hoch, um der Glaubwürdigkeit der hinduistischen bzw. buddhistischen Lehre ernsthaft nachzugehen.

Christen sagten mir: Das Christentum stimmt, weil – wie die ersten Christinnen und Christen behaupteten – Jesus von den Toten auferstanden ist. Die Wahrheit des christlichen Glaubens steht und fällt damit. Ich erinnere mich noch gut daran, als mir damals jemand sagte: „Wenn Christus nicht auferstanden ist, ist der christliche Glaube Schwachsinn!" Und auch wenn im Originalsatz (1Kor 15,17) eher das Wort „Illusion" steht, war die Botschaft trotzdem klar. Als Überprüfungsmöglichkeit der behaupteten Auf-

70 Hierbei handelt es sich um die visionären Verfasser der vedischen Literatur, die in ihrem Herz „gehört" haben, was ihnen die Götter offenbarten (vgl. M. Hutter ([5]2016): *Die Weltreligionen*. S. 121 f.).

erstehung Jesu nannte mir mein Gesprächspartner ebenso erfüllte Prophetien, persönliche Gebetserhörungen und den sogenannten „historischen Rand“ der Auferstehung Jesu an.

Während ich persönlich mit Prophetien und subjektiven Gebetserfahrungen nicht viel anfangen konnte, weckte der historische Rand mein Interesse. Und nach etwas Einlesezeit in der Uni-Bibliothek bemerkte ich: Seine Eckpunkte waren geschichtswissenschaftlich erweisbar und somit kritisch-rational hinterfragbar – es gab also endlich einen *nicht* subjektiven Grund, die Glaubwürdigkeit einer vermeintlich „heiligen Schrift“ genauer unter die Lupe zu nehmen. Und meine Frage war einfach: Liefert der historische Rand Gründe, die Auferstehung Jesu historisch ernst zu nehmen?

KAPITEL 6:
Der historische Rand

Wir wissen heutzutage recht viel über den historischen Jesus. Jesus von Nazareth war – wie Julius Cäsar oder Alexander der Große – eine reale historische Person aus Fleisch und Blut: Er wurde etwa 6/4 v. Chr. wohl noch vor dem Tode Herodes des Großen[71] geboren, trat in Israel öffentlich für kurze Zeit überwiegend in Kafarnaum am Nordufer des galiläischen Sees in der Amtszeit des Pontius Pilatus (26–36 n. Chr.) auf und starb als Folge seiner Kreuzigung wahrscheinlich am Freitag, den 7. April 30 n. Chr. in Jerusalem.

Ich konnte mir zunächst nicht viel unter besagtem historischen Rand vorstellen. Hilfreich war für mich aber die Erklärung, als ich beim Lesen der Fachliteratur erfuhr: Die jeweiligen Forschungszweige versuchen, Jesus „nicht von seiner Göttlichkeit, sondern von seiner Menschlichkeit her zu begreifen und ihn damit allein mit den Mitteln der Vernunft, insbesondere mit dem methodischen Instrumentarium der Geschichtswissenschaften und der Literaturwissen-

---

71 Herodes der Große war ein römischer Vasallenkönig, der von 37 v. Chr. bis zu seinem Tod im Jahr 4 v. Chr. über Judäa, Idumäa, Galiläa, Samaria und andere Teile des heutigen Israels herrschte.

schaft zu untersuchen."[72] Folgende Eckpunkte haben sich in der heutigen Forschung etabliert:[73]

- Jesus wurde am 7. April 30 unter Pontius Pilatus gekreuzigt.
- Das Grab Jesu wurde wenige Tage nach Grablegung leer aufgefunden.
- Die ersten Christinnen und Christen behaupteten, sie seien dem Auferstandenen mehrmals begegnet.

Dieser historische Rand steht prinzipiell allen Deutungen offen, naturalistischen wie theistischen. Entscheidend ist, welche Sichtweise das historisch ermittelte Material am stichhaltigsten zu erklären vermag. „Der weltanschaulich offene Historiker wird demgemäß nicht von vornherein ausschließen können", so der Philosoph Heinzpeter

---

72 A. Strotmann ([4]2024): *Der historische Jesus. Eine Einführung.* S. 33 f.

73 A. Strotmann ([4]2024): *Der historische Jesus. Eine Einführung*; R. Riesner (2023): *Messias Jesus. Seine Geschichte, seine Botschaft und ihre Überlieferung*; H. Omerzu (2022): Der historische Jesus: Kreuzigung und Auferstehung. In: M. Hofheinz; N. Neumann (Hrsg.): *Fragen an Jesus*; D. C. Allison (2021): *The Resurrection of Jesus. Apologetics, Polemics, History*; H. Hoping (2019): *Jesus aus Galiläa. Messias und Gottes*; M. Licona (2019): Jesus's Resurrection, Realism, and the Role of the Criteria of Authenticity. In: D. Bock; E. Komoszewski (Hrsg.): *Jesus, Skepticism, and the Problem of History. Criteria and Context in the Study of Christian Origins*; U. Schnelle ([3]2019): *Die ersten 100 Jahre des Christentums. 30-130 n. Chr.*; A. Giambrone (2022): *A Quest for the Historical Christ. Scientia Christi and the Modern Study of Jesus*; H. Hempelmann et al. (2017): *ELThG². Evangelisches Lexikon für Theologie und Gemeinde. Band 1. Neuausgabe*; M. Öhler (2017): *Geschichte des frühen Christentums*; N. T. Wright (2014): *Die Auferstehung des Sohnes Gottes*; G. Theißen; A. Merz ([4]2011): *Der historische Jesus. Ein Lehrbuch.*

Hempelmann, „dass es sinnvoll ist, hinter dem historisch Feststellbaren ein Handeln Gottes anzunehmen."[74]

Hempelmann hat Recht: Wer weltanschaulich offen an die Sache herangeht – was angesichts der Nicht-Beweisbarkeit weltanschaulicher Positionen das ehrlichste Vorgehen ist – kann nicht ausschließen, dass hinter dem historisch Erkennbaren das Eingreifen eines Schöpfergottes steckt. Eine theistische Deutung der Daten hat daher zunächst die gleiche Berechtigung, eine erfolgreiche Erklärung zu sein, wie eine naturalistische. Mir ist klar, dass das kein Gedanke ist, der den Naturalistinnen und Naturalisten unter uns schmeckt. Aber weil weder der Theismus noch der Naturalismus bewiesenermaßen wahr ist, muss diese (für manche bittere) Pille leider geschluckt werden.

Randstück 1: Jesus wurde gekreuzigt

Die Kreuzigung Jesu gilt in der modernen Forschung als historischer Fakt. „Nichts ist historisch so gesichert wie die Kreuzigung Jesu auf Veranlassung des römischen Präfekten Pontius Pilatus. Darin stimmen christliche wie nicht christliche Quellen aus dem 1. und 2. Jh. n. Chr. überein"[75], lesen wir in Angelika Strotmanns Einführungswerk *Der historische Jesus.* Nichts anderes sagen Gerd Theißen und Annette Merz: „Wir können davon ausgehen: Jesus hatte

74 H. Hempelmann (1982): *Die Auferstehung Jesu Christi. Eine historische Tatsache?* S. 11.

75 A. Strotmann (⁴2024): *Der historische Jesus. Eine Einführung.* S. 157.

messianische Erwartungen geweckt und wurde als ‚König der Juden' hingerichtet."[76] Selbst der historisch-kritische Theologe Gerd Lüdemann, der mit der Historizität der biblischen Berichte auf Kriegsfuß steht, schreibt:

> „Jesus wurde in Jerusalem gekreuzigt. [...] Da die Kreuzigung eine römische Strafe war, können wir schlussfolgern: Die Römer haben Jesus den Prozess gemacht und hingerichtet. Der Grund für das Einschreiten gegen ihn stand auf der Kreuzesinschrift. Jesus starb, weil die Römer ihn irrtümlich für den ‚König der Juden' hielten. Dieser Titel ist aus römischer Perspektive formuliert und deswegen geschichtlich."[77]

Vor diesem Hintergrund fragt auch der heidnische Philosoph Mara bar Sarapion um 73 n. Chr. in einem Brief, was „die Juden von der Hinrichtung ihres weisen Königs" hatten. Von der Tötung Jesu schreibt auch der römische Historiker Tacitus (55/56 – ca. 120 n. Chr.):

> „Demgemäß, um den Reden [er selbst habe den Brand Roms gelegt] ein Ende zu bereiten, ließ Nero andere schuldig sein und belegte mit den ausgesuchtesten Strafen diejenigen, die, wegen ihrer Schandtaten verhaßt, vom Volk als Chrestiani bezeichnet wurden. Der Mann, der diesen Namen hatte entstehen lassen, Christus, war während der Regierung des

76 G. Theißen, A. Merz (2023): *Wer war Jesus? Der erinnerte Jesus in historischer Sicht. Ein Lehrbuch*. S. 483.

77 G. Lüdemann (2011): *Wer war Jesus? Theologisch-politische Interventionen*. S. 44 f.

> Tiberius durch den Procurator (sic!) Pontius Pilatus mit dem Tod bestraft worden."[78]

Der jüdische Historiker Josephus (37/38 n. Chr. – nach 100) greift in seinen *Testimonium Flavianum* zudem die Art der Hinrichtung auf (zitiert wird sein Text in der rekonstruierten neutralen Urform, in der mögliche christliche Ausschmückungen gestrichen wurden):

> „Josephus […] sagt […], daß zu der Zeit ein weiser Mann war, der Jesus genannt wurde, einen guten Lebenswandel aufwies und als tugendhaft (oder: gelehrt) bekannt war und viele Leute von den Juden und von anderen Völkern als Jünger hatte. Pilatus hatte ihn zur Kreuzigung zum Tode verurteilt, aber diejenigen, die seine Jünger geworden waren, gaben seine Jüngerschaft (oder: Lehre) nicht auf und erzählten, daß er ihnen drei Tage nach der Kreuzigung erschienen sei und lebe und daher vielleicht der Messias sei, in Bezug auf den die Propheten Wunderbares gesagt haben."[79]

Die Wahrscheinlichkeit, dass eine Person, die gekreuzigt wird, an den Folgen ihrer Kreuzigung stirbt, ist extrem hoch. Die Kreuzigung war (und ist) eine nahezu sicher tödliche Prozedur und absichtlich darauf ausgelegt, ein langsames, schmerzhaftes Sterben zu verursachen. Indem Arme und Füße an Balken genagelt werden, kommt es zu einer

78 Tacitus: *Annalen* 15, 44.
79 Zit. n. J. P. Meyer (1991): *A Marginal Jew. Rethinking the Historical Jesus*. Vol. 1. S. 42 f.

enormen Belastung der Muskeln und des Kreislaufsystems. Ein weiterer Faktor, der die Wahrscheinlichkeit des Todes erhöht, ist die Tatsache, dass – wie es auch von Jesus berichtet wurde – die Opfer oft vor der Kreuzigung gefoltert wurden, was ihre körperliche Verfassung zusätzlich schwächte. Häufige Todesursachen waren daher Erschöpfung, Dehydration, Schock, Atemnot und in einigen Fällen Blutverlust. Noch einmal Lüdemann: „Die Tatsache des Todes Jesu als Folge der Kreuzigung ist unbestreitbar."[80]

Nun gibt es bekanntlich nichts, was es nicht gibt. So auch die skeptische Vermutung, dass Jesus seine Kreuzigung überlebt haben könnte. Kein Tod, keine Auferstehung. Bereits 1786 behauptet Carl Friedrich Bahrdt, dass Jesus als Teil einer Verschwörung, an der auch Joseph von Arimathia und der Evangelist Lukas beteiligt waren, seine Kreuzigung überlebte.[81] Nach Donovan Joyce (1975) hecken Jesus und Joseph von Arimathia – „derselbe Joseph, der einst der verlobte Ehemann Marias war, von der er sich heimlich scheiden ließ, als er herausfand, dass sie von einem anderen Mann, seinem eigenen Bruder Alphäus, schwanger war" – einen „Plan aus, das Kreuz zu betrügen".[82] J. Duncan M. Derrett (1982) argumentiert, dass Jesus an einem selbstindu-

80 G. Lüdemann (2002): *Die Auferweckung Jesu von den Toten. Ursprung und Geschichte einer Selbsttäuschung.* S. 17.
81 C. F. Bahrdt (1786/2022). *Ausführung des Plans und Zwecks Jesu. In Briefen an Wahrheit suchende Leser, Erstes Bändchen.* [Neuausgabe 2022]. S. 162 ff.
82 D. Joyce (1972): *The Jesus Scroll.*

zierten Trancezustand litt, lebendig vom Kreuz genommen und wiederbelebt wurde, aber nicht lange überlebte.[83]

Michael Persinger (2002) schreibt, dass die Auferstehung „die Folge eines mächtigen Synergismus zwischen seiner [Jesu] komplexen partiellen Epilepsie, physischer Fesselung [Kreuzigung] und einer Droge namens Reserpin" war.[84] Michael Baigent, Richard Leigh und Henry Lincoln (2004) schlagen vor, dass die Kreuzigung eine inszenierte Hinrichtung mit Hilfe eines bestochenen Pilatus war, entweder von Jesus oder jemand anderem.[85] Charles Freeman (2009) behauptet, dass der Hohepriester Kaiphas den Leichnam abtransportieren ließ. Die Priester, die unter seinem Befehl standen und weiß gekleidet waren, überbrachten daraufhin die Botschaft, dass Jesus in Galiläa wieder erscheinen würde.[86]

Maximilian Ledochowski und Dietmar Fuchs (2014) argumentieren, dass als ein Soldat bei der Kreuzigung Jesus mit einem Speer stach, dies seinen Pleuraerguss, eine Ansammlung von Flüssigkeit im Raum zwischen Lungen- und Brustwand, entlastete, und ihn vor dem Tod rettete.[87] Leonard I. Eisenberg (2016) behauptet, dass Joseph von

---

83 J. D. M. Derrett (1982) *The Anastasis: Resurrection of Jesus as an Historical Event.*

84 M. A. Persinger (2002): Science and the Resurrection. In: *The Skeptic.* Vol. 9/4. S. 76 ff.

85 M. Baigent; R. Leigh; H. Lincoln (2004): *Holy Blood, Holy Grail. The Secret History of Christ. The Shocking Legacy of the Grail.* S. 386 ff.

86 C. Freeman (2009): *A New History of Early Christianity.* S. 32 f.

87 M. Ledochowski; D. Fuchs (2014): Die Auferstehung Christi aus medizinischer Sicht. Ist Jesus am Kreuz gestorben oder rettete der Lanzenstich zufällig sein Leben? In: *Biologie in unserer Zeit. Bd. 44.*

Arimathia den nicht ganz toten Jesus entdeckte und in der Hoffnung auf sein Überleben und aus Angst vor den Römern ein Scheinbegräbnis inszenierte. Jesus starb bald darauf. Als sein Grab später geöffnet wurde, war es leer bis auf die gekaufte, aber nie benutzte Bestattungswäsche.[88]

Johannes Fried (2019) argumentiert, dass der Speerstoß, der ausgeführt wurde, um festzustellen, ob Jesus noch lebte – seine Atmung war aufgrund einer Kohlendioxidvergiftung, die eine sehr flache Atmung verursachte, stark beeinträchtigt – dazu beitrug, dass er die Hyperkapnie, also die gefährlich hohe Kohlendioxidkonzentration in seinem Blut, überlebte. Als Jesus für tot gehalten wurde, wurde er vom Kreuz genommen. Nikodemus und Joseph von Arimathia, die gekommen waren, um ihn zu begraben, entdeckten, dass er noch lebte, und halfen, ihn wiederzubeleben. Jesus floh dann in die östliche Grenzregion des Römischen Reiches, zog später weiter nach Ägypten und anschließend weiter nach Osten.[89]

Da Bescheidenheit eine Tugend ist, werde ich mich davor hüten zu sagen, dass die Scheintodhypothese dummes Geschwätz sei. Gleichwohl sehe ich aber auch, dass sie in der historischen und neutestamentlichen Wissenschaft nicht ernst genommen wird. Mit Blick auf diese Vorschläge stimme ich daher mit Dale Allison, dem Historiker und Professor für das Neue Testament an der Princeton Univer-

---

88 L. I. Eisenberg (2016): A New Natural Interpretation of the Empty Tomb. In: *International Journal for Philosophy of Religion. Vol. 80.* S. 133 ff.
89 J. Fried (2019): *Kein Tod auf Golgatha. Auf der Suche nach dem überlebenden Jesus.* S. 25 ff.

sity, überein, der heute als eine der führenden, wenn nicht sogar als *die* am meisten respektierte Autorität in der historischen Jesusforschung gilt.

Hinsichtlich der verschiedenen Theorien über das Nicht-Sterben Jesu merkt Allison an: „Wenn religiöser Glaube Menschen dazu bringen kann, den gesunden Menschenverstand aufzugeben, kann Unglaube das gleiche Unheil anrichten."[90]

Randstück 2: Die Erscheinungen der ersten Christinnen und Christen

Die ersten Christinnen und Christen behaupteten, sie seien dem Auferstandenen begegnet. Dass diese Behauptungen nicht nur im Raum standen, sondern seinerzeit voller Überzeugung ausgerufen wurden, daran besteht aus historischer Sicht kein Zweifel. Hier stimmen selbst historisch-kritische Theologen wie der vorhin erwähnte Gerd Lüdemann oder Bart Ehrman (University of North Carolina) zu, die ansonsten für ihre überaus kritische Haltung gegenüber der historischen Zuverlässigkeit der biblischen Texte bekannt sind.[91] Theißen und Merz formulieren den akademischen Konsens in ihrem Lehrwerk zum historischen Jesus wie folgt:

---

90 D. C. Allison (2021): *The Resurrection of Jesus. Apologetics, Polemics, History*. S. 11.

91 Vgl. B. D. Ehrman (2015): *How Jesus Became God. The Exaltation of a Jewish Preacher from Galilee*. S. 156. Vgl. G. Lüdemann (2002): *Die Auferweckung Jesu von den Toten. Ursprung und Geschichte einer Selbsttäuschung*. S. 58 ff.

> „Eine Überlieferung in 1Kor 15,3b-5, die bis nahe an die Ereignisse selbst heranführt, bezeugt Einzel- wie Gruppenerscheinungen. Die Glaubwürdigkeit dieser Überlieferung wird erhöht, weil sie z. T. von der traditionsgeschichtlichen unabhängigen Erzählüberlieferung bestätigt wird und weil wir im Falle des Paulus das Selbstzeugnis eines Augenzeugen besitzen, der die anderen Zeugen zu einem großen Teil gekannt hat. An der subjektiven Authentizität dieser Zeugnisse besteht kein Zweifel, d. h. sie stammen von Menschen, die bona fide [= guten Glaubens] von einer überwältigenden Erfahrung zeugen."[92]

In seinem Buch *The Resurrection of Jesus. Apologetics, Polemics, History* greift Allison daher u. a. folgende Erscheinungsberichte auf: 1) die Erscheinung vor Maria Magdalena, 2) die Erscheinung vor Petrus, 3) die Erscheinung vor dem Zwölferkreis, 4) die Erscheinung vor Thomas, 5) die Erscheinung vor Petrus und anderen bei Ignatius, 6) die Erscheinung vor Kleopas und seines Begleiters, 7) die Erscheinung vor Petrus und sechs anderen Jüngern, 8) die Erscheinung vor Jakobus und 9) die Erscheinungen vor allen Aposteln.

Die ersten Christinnen und Christen verkündeten also, dass sie fest davon überzeugt waren, dem auferstandenen Jesus in Form von mehreren Einzel- und Gruppenerscheinungen begegnet zu sein. Daraufhin zogen sie durch die Straßen Israels und erzählten: „Er [der auferstandene Jesus] ist Gott, der über allem steht und für immer und

92 G. Theißen; A. Merz (2011): *Der historische Jesus. Ein Lehrbuch*. S. 428.

ewig zu preisen ist." (Röm 9,5) Schön und gut – behaupten kann man bekanntlich viel, wenn der Tag lang ist. Wenn wir überlegen, wie sich die Jesus-Erscheinungen der frühen Christinnen und Christen erklären lassen, stehen die, die weltanschaulich ergebnisoffen sind, vor drei logischen Möglichkeiten: Die Jesus-Erscheinungen waren entweder erlogen, eingebildet oder echt.

Erlogen!

Beginnen wir mit der ersten: Die Jesus-Erscheinungen – und die damit einhergehende Jesus-Verkündigung der ersten Christinnen und Christen – waren *erlogen.* Das ist natürlich möglich. Gründe lassen sich viele denken: finanzielle Vorteile, soziale Pluspunkte usw. Die Sache ist nur, dass es all das nicht gab. Im Gegenteil, im römischen Reich war es sehr unklug, noch jemanden neben dem Kaiser in Rom (zu der Zeit war das Tiberius) als „Gott" anzupreisen und zu verehren.

Aber das genau taten die ersten Christinnen und Christen, indem sie die Göttlichkeit Jesu ausriefen: Er ist Gott gleich (Tit 2,13[93]; Phil 2,6[94]), in ihm ist die Herrlichkeit

93 Seine Gnade führt auch dazu, dass wir voll Sehnsucht auf die Erfüllung der Hoffnung warten, die unser höchstes Glück bedeutet: das Erscheinen unseres großen Gottes und Retters Jesus Christus in seiner ganzen Herrlichkeit.

94 Er, der Gott in allem gleich war und auf einer Stufe mit ihm stand, nutzte seine Macht nicht zu seinem eigenen Vorteil aus.

Gottes (2Kor 4,6[95]; Phil 3,21[96]), und ihm wurde der Name Gottes verliehen (Phil 2,9 f.[97]). Jesus wird als jemand beschrieben, der direkt am göttlichen Schöpfungshandeln beteiligt war (1Kor 8,6[98]), und ihm gelten nun Zitate, die ausschließlich Gott beschreiben (1Kor 2,16[99]). Udo Schnelle hält sachlich-nüchtern fest:

> „Mit Jesus Christus führten die Christusgläubigen nicht weniger als einen neuen Diskursgründer in die bestehenden religiösen Welten ein und schrieben ihm eine uneingeschränkte soteriologische [= erlösende] Kompetenz zu. Ihm wurden Attribute zugelegt, die im jüdischen Denken bis dahin exklusiv Gott vorbehalten waren. Damit wurde nicht nur Mose als

---

95 Denn derselbe Gott, der gesagt hat: „Aus der Finsternis soll Licht hervorstrahlen!", der hat es auch in unseren Herzen hell werden lassen, sodass wir in der Person von Jesus Christus den vollen Glanz von Gottes Herrlichkeit erkennen.

96 Er wird unseren unvollkommenen Körper umwandeln und wird ihn seinem eigenen Körper gleichmachen, der Gottes Herrlichkeit widerspiegelt. Er hat die Macht dazu, genauso wie er auch die Macht hat, das ganze Universum seiner Herrschaft zu unterstellen.

97 Deshalb hat Gott, der Vater, ihn auch so unvergleichlich hoch erhöht und hat ihm als Ehrentitel den Namen gegeben, der bedeutender ist als jeder andere Name. Und weil Jesus diesen Namen trägt, werden sich einmal alle vor ihm auf die Knie werfen, alle, die im Himmel, auf der Erde und unter der Erde sind.

98 Aber für uns steht fest: Es gibt nur einen Gott – den Vater, von dem alles kommt und für den wir geschaffen sind. Und es gibt nur einen Herrn – Jesus Christus, durch den alles geschaffen wurde und durch den auch wir das Leben haben.

99 Es heißt ja in der Schrift: „Wer hat jemals die Gedanken des Herrn ergründet? Wer wäre je imstande, ihn zu belehren?" Wir jedoch haben den Geist Christi bekommen, sodass uns seine Gedanken nicht verborgen sind.

> jüdischer Diskursgründer relativiert, sondern indem Jesus Christus als Gekreuzigter und Auferstandener Gegenstand göttlicher Verehrung wurde, überschritten die Christusgläubigen die Grenzen jüdischen Denkens und etablierten in Lehre und Kult eine eigene, neue Diskurswelt."[100]

„Moment!", haken manche ein. „Christen sagen doch immer, dass Jesus bloß Gottes Sohn sei. Damit geben sie doch klar zu verstehen, dass er nicht Gott ist." Ja, ich verstehe diesen Einwand sehr gut. Für uns Westeuropäer im 21. Jahrhundert klingt das in der Tat seltsam. Aber wir dürfen nicht vergessen, dass das Neue Testament eine jüdisch geprägte Textsammlung aus dem 1. Jahrhundert ist. Und für Jüdinnen und Juden jener Zeit war klar, was damit gemeint war: Mit der Bezeichnung Sohn Gottes wollte man ausdrücken, dass jemand von derselben Natur bzw. derselben Art wie Gott ist. Anders gesagt: Im Kontext jüdischer Schriften kommt dieser Titel einer göttlichen Statusbezeichnung gleich, die auf eine einzigartige Nähe und Einheit mit Gott hindeutet.

Wenn die ersten Christinnen und Christen also wussten, dass ihre Botschaft *Jesus ist auferstanden und Gott* eine selbst erfundene Lüge war, nahmen sie dafür viel in Kauf. Beim römischen Historiker Publius Cornelius Tacitus lesen wir, was ihnen blühte: „Mit denen, die zum Tod bestimmt waren, trieb man noch Hohn: In Felle wilder Tiere eingenäht, wurden sie von Hunden zerfleischt oder mussten ans Kreuz

---

100 U. Schnelle ([3]2019): *Die ersten 100 Jahre des Christentums. 30-130 n. Chr.* S. 109.

geschlagen und angezündet nach Einbruch der Dunkelheit als nächtliche Beleuchtung brennen."[101] N. T. Wright bringt es auf den Punkt: „Die Auferstehung war immer geradezu prädestiniert, einen in Schwierigkeiten zu bringen, und sie tat das auch regelmäßig."[102]

Ich kann an dieser Stelle nur für mich sprechen, aber für eine Botschaft, von der ich *sicher weiß*, dass sie gelogen ist, nehme ich so etwas nicht in Kauf. Wenn jemand zu mir sagt: „Hör gut zu: Du und ich wissen, dass dein Jesus-ist-Gott-Gerede gelogen ist! Schluss damit! Ansonsten wird heute Abend dein brennender Körper dieser Straße als Leuchtfeuer dienen!", ich würde meine Lüge direkt in den Wind schießen. Dafür wäre mir mein Leben viel zu wertvoll.

Hierzu eine kleine Anekdote: Nachdem ich diese Gedanken einmal in einem Vortrag äußerte, kam am Ende ein Mann zu mir und sagte: „Dann muss ja an dem, was islamistische Terroristen sagen, auch etwas Wahres dran sein. Die gehen schließlich auch freiwillig für das, was sie glauben, in den Tod." Ich kann diesen Einwand zwar nachvollziehen – aber die ersten Christinnen und Christen wären, wenn sie die Auferstehung Jesu erfunden hätten, *Urheber* der Lüge. Die Terroristinnen und Terroristen der Hamas oder des IS sind das aber nicht. Ich gehe sogar davon aus, dass sie wirklich glauben, für die Wahrheit zu sterben.

101 Tacitus: *Annalen* 15,44

102 N.T. Wright (2016): *Von Hoffnung überrascht. Was die Bibel zu Auferstehung und ewigem Leben sagt.* S. 77.

Aber zurück: Wer als Jude die Auferstehung Jesu verkündigte, musste mit viel Gegenwind rechnen. Sogar aus den eigenen Reihen. Das Gesetz Mose sprach schließlich eine eindeutige Sprache: „Wer den Namen des Herrn lästert, der soll unbedingt getötet werden! Die ganze Gemeinde soll ihn unbedingt steinigen, sei es ein Fremdling oder ein Einheimischer; wenn er den Namen lästert, so soll er sterben!" (3Mos 24,16)

Der Theologe Richard W. Dickinson merkt aber richtig an, dass der Stolz auf die eigene Meinung manchmal größer sein kann als die Liebe zum Leben.[103] Es ist daher wichtig zu berücksichtigen, dass die frühen Christinnen und Christen nicht nur *diesseitige* Strafen riskierten. Als Leute, die in der jüdischen Tradition verankert waren, war ihnen die Hochachtung und Heiligkeit der zehn Gebote bewusst. Allen voran natürlich das erste: „Du sollst keine anderen Götter neben mir haben." (2Mos 20,3) Wenn nun ihre Botschaft der Auferstehung und die damit verknüpfte Gottgleichheit Jesu *erlogen* war, traten sie in voller Absicht gerade das Gebot mit Füßen, das aufgrund seiner Erststellung Gott offenbar am wichtigsten war.

Und damit nicht genug: Indem die ersten Christinnen und Christen dazu übergingen, die Heiligung des Samstags, der sich im Laufe der Zeit zum zentralen Zeichen jüdischer Identität entwickelte, aufzubrechen und – zunächst zusätzlich, später dann ausschließlich – den *Sonntag* als zu hochzuschätzenden Tag der Woche feierten, brachen

103 R. W. Dickinson (2019): *The Resurrection of Jesus Christ. Historically and Logically Viewed.* S. 120.

sie ganz bewusst auch das fünfte der zehn Gebote.[104] Mit dem Wissen, nicht irgendwelche, sondern *die* gottgegebenen Gebote des Judentums absichtlich zu missachten, mussten sie davon ausgehen, dass ihnen ihre Lüge Gottes Zorn nicht nur im Diesseits, sondern auch beim Tag des Gerichts einbrachte.

Ich gebe aber gerne zu: Wer bin ich schon zu sagen, dass Menschen all das für eine selbst erfundene Lüge auf gar keinen Fall auf sich nehmen würden? Es mag möglich sein. Die Entscheidung, wie überzeugend ist, dass sich die ersten Christinnen und Christen ihr Diesseits *und* ihr Jenseits freiwillig zur Hölle machten, liegt letztendlich bei Ihnen.

Eingebildet!

Die zweite Möglichkeit: Die Jesus-Erscheinungen waren auditiv-visuelle Einzel- und Kollektivhalluzinationen. Christinnen und Christen neigen nun gerne dazu zu sagen, dass gerade letztere unmöglich seien. Ein ehrlicher Blick in die Geschichte zeigt aber: Kollektivhalluzinationen sind zwar selten, aber sie treten auf.[105] Ein Beispiel: Während die Fregatte „La Belle-Poule" im Jahr 1846 auf hoher See

---

104 Vgl. A. Grund (2011): *Die Entstehung des Sabbats. Seine Bedeutung für Israels Zeitkonzept und Erinnerungskultur. Forschungen zum Alten Testament. Band 75*. S. 313.

105 Vgl. z. B. W. Walsh (1904): The Apparitions and Shrines of Heaven's Bright Queen. In: *Legend, Poetry and History from the Earliest Ages to the Present Time*; G. Le Bon (1911): *Psychologie der Massen*; H. Thurston (1920): *Limpias and the Problem of Collective Hallucinations*; R. Laurentin (1991): *The Apparitions of the Blessed Virgin Mary Today* oder W. Christian (1992): *Moving Crucifixes in Modern Spain*.

die Korvette „Le Berceau“ suchte, von der sie durch einen starken Sturm getrennt worden war, meldete die Wachmannschaft am helllichten Tag ein notleidendes Schiff. Die gesamte Besatzung, einschließlich Offiziere und Matrosen, schaute auf die angegebene Position und konnte deutlich ein von Menschen überladenes Wrack erkennen, das von kleineren Booten mit Notflaggen geschleppt wurde.

Der Kapitän ordnete an, ein Rettungsboot zu besetzen, um den Verunglückten zu Hilfe zu kommen. Als das Rettungsboot sich dem vermeintlichen Wrack näherte, beobachteten die darin befindlichen Seeleute und Offiziere, wie scheinbar zahlreiche Menschen sich bewegten, um Hilfe rufend mit den Armen winkten und vernahmen ein leises, chaotisches Stimmengewirr. Bei der Ankunft stellte sich jedoch heraus, dass es lediglich einige mit Blättern bedeckte Baumäste waren, die von der nahegelegenen Küste abgetrieben waren. Angesichts dessen löste sich die Illusion auf.[106]

Wir sehen, dass es kollektive Halluzinationen gibt. Es ist daher möglich, dass es sich bei allen Gruppenerscheinungen der ersten Christinnen und Christen darum gehandelt hat. Skepsis geht aber bekanntlich immer in beide Richtungen: Nur weil es dieses psychologische Phänomen gibt, folgt daraus nicht, zumindest nicht für die weltanschaulich Ergebnisoffenen unter uns: *„… und deshalb waren auch die Gruppenerscheinungen gleich Massenhalluzinationen.“*

---

106 Vgl. G. Le Don (1911): *Psychologie der Massen*. S. 24.

Interviews mit Menschen der Gegenwart, die von Begegnungen mit dem auferstandenen Jesus berichten, zeigen, dass einfache Erklärungen wie „Jesus-Erscheinungen sind ein sicheres Zeichen für einen krankhaften Zustand“ nicht immer zufriedenstellend sind. Ein gutes Beispiel stammt von Hugh Montefiore, Neutestamentler und anglikanischer Bischof. Folgende Worte schrieb er über seine Hinwendung vom Judentum zum Christentum – eine Bekehrung, die durch eine Vision von Jesus veranlasst wurde:

> „Ich hatte überhaupt keine Kenntnisse vom Christentum […] Es [die Vision] wurde sicherlich nicht durch Stress verursacht: Ich war bei guter Gesundheit, ein glücklicher Schüler mit guten Freunden, der ein begeisterungsfähiges Leben führte und sowohl an Sport als auch an Arbeit interessiert war. Ich erinnere mich nicht daran, erotische Fantasien unterdrücken zu müssen! Ich bin mir ebenso sicher, dass es nichts mit meinen Erinnerungen zu tun hatte, denn ich hatte keine Erinnerungen an Jesus. Wiederum bin ich sicher, dass es kein Wunschdenken war, denn ich war (und bin immer noch) stolz darauf, Jude zu sein.
>
> Ich weiß nicht, wie es psychogen sein könnte, obwohl ich akzeptiere, dass mein Gehirn der Kanal war, durch den die Erfahrung zustande kam. Meine sensorischen Eindrücke zu dieser Zeit waren nicht gering. Ich halte es für unwahrscheinlich, dass das kollektive Unbewusste, wenn es sich in einer Halluzination manifestiert hätte, eine mir fremde Form angenommen hätte. Ich kann nicht glauben, dass ich mit einem Geist in Kontakt war, denn die Figur, die ich sah, war lebendig und lebensspendend. Ich kann meine Vi-

> sion von Jesus nicht durch eine der psychologischen oder neurophysiologischen Erklärungen erklären, die angeboten werden."[107]

Ich habe keinen Grund, an der Ehrlichkeit dieser Worte zu zweifeln. Sie zeigen uns, wie gesagt, dass es nicht immer so einfach ist, „Visionen" als schlichte Einbildungen abzutun. Aber auch Christinnen und Christen dürfen es sich nicht leicht machen. Im Zusammenhang mit den Jesus-Erscheinungen berufen sie sich z. B. oft selbstbewusst auf die Erscheinung der 500, von denen der Apostel Paulus in einem seiner Briefe an eine Gemeinde im griechischen Korinth berichtet.

Ich bin hier ehrlich gesagt weniger euphorisch. Die Geschichtlichkeit des Ereignisses steht zwar nicht zur Diskussion – aber trotzdem wissen wir zu wenig darüber: Wer genau waren diese Menschen? Kannten sie Jesus – sein Gesicht, seine Stimme, seine Art zu sprechen – gut? Oder vielleicht nur oberflächlich? Und wenn Letzteres der Fall war: Wie viel Wert hätte ihr Bericht dann? Wir wissen auch nicht, ob irgendjemand in der Menge während oder nach dem Ereignis Zweifel hatte.

Häufig wird gesagt, dass Paulus mit seiner Bemerkung, ein Großteil der 500 sei noch am Leben, darauf hinweist, dass es möglich war, diese Leute zu befragen. Aber war das wirklich eine echte Option? Wie gesagt: Paulus schreibt hier an Menschen in Griechenland – die Erscheinung der 500

107 H. Montefiore (2002): *The Paranormal. A Bishop Investigates*. S. 234 f.

fand aber in Israel statt. Wir wissen nicht, ob manche der 500 nach Griechenland gereist sind, um ihr Erlebtes weiterzugeben. Und auch nicht, ob die Angeschriebenen die Herausforderungen des Mittelmeers auf sich genommen haben, um mehr zu erfahren.

Was ich damit sagen will, ist: Jeder, unabhängig von seiner eigenen Weltsicht, ist gut damit beraten, seine Sicht der Dinge nicht allzu siegesgewiss vor sich her zu tragen. So leicht macht es uns die Geschichte (leider) nicht. Die Frage, wie wir mit den Jesus-Erscheinungen der ersten Christinnen und Christen umgehen sollten, ist daher nach wie vor offen. Zumindest dann, wenn man weltanschaulich ergebnisoffen ist – wozu es in Anbetracht der Tatsache, dass keine Weltsicht abschließend beweisbar ist, allen Grund gibt. Lassen Sie uns versuchen, einer Antwort näherzukommen.

Für die Annahme, dass wir es bei den Jesus-Erscheinungen mit Halluzinationen zu tun haben, spricht natürlich, dass gerade Menschen, die sich in tiefer Trauer befinden, immer wieder davon berichten, Visionen der kürzlich verstorbenen Person gehabt zu haben. Das gilt auch für die Menschen damals. Viele Menschen zur Zeit der Antike wussten, dass „Erscheinungen“ von kürzlich Verstorbenen vorkamen.[108] Der Punkt ist nur: Gerade weil solche „Begegnungen“ bekannt waren, verringert sich die Chance, dass irgendjemand gesagt hätte, was niemand jemals über eine verstorbene Person gesagt hatte: dass sie von den Toten

108 Vgl. D. Zeller (2006): Erscheinungen Verstorbener im griechisch-römischen Bereich. In: *Neues Testament und hellenistische Umwelt.*

auferweckt worden sei. Solche Visionen bedeuteten eben gerade, dass die Person tot war.[109]

Menschen im ersten Jahrhundert wussten genauso gut wie wir, dass Tote nicht wieder lebendig werden. Wenn man von Homer über Sokrates und Platon bis hin zu Plinius liest, wird die Möglichkeit der Totenauferstehung immer wieder verworfen. Wer meint, dass Menschen aus der Antike dumm waren, weil sie den Fortschritt unserer Zeit nicht hatten, der irrt gewaltig. Die Jüngerinnen und Jünger gingen nicht herum und sagten: „Ist es nicht aufregend, dass Menschen von den Toten auferstehen?"

Und warum sollte sich gerade so jemand wie Paulus, ein erklärter Feind und Verfolger der jungen Christusbewegung, einen auferstandenen Jesus einbilden? Das passte weder zu seinen jüdischen Überzeugungen noch zu der Aufgabe, die er sich gesetzt hatte. Sein Anliegen war es, die Urgemeinde auszurotten. Der Ausruf der ersten Christinnen und Christen, dass ein gekreuzigter Gotteslästerer in Wahrheit der Messias Israels sein soll, stellte für ihn eine nicht hinzunehmende Lästerung und Infragestellung des jüdischen Glaubens dar.

Manche skeptische Autoren schlagen vor, dass Paulus einen epileptischen Anfall erlitt, der auf eine Schläfenlappenepilepsie zurückzuführen ist,[110] andere bezweifeln genau das

---

109 Vgl. N. T. Wright (2014): *Die Auferstehung des Sohnes Gottes*. S. 833 f.

110 Vgl. z. B. D. Landsborough (1987): St Paul and temporal lobe epilepsy. In: *Journal of Neurology, Neurosurgery, and Psychiatry. Vol. 50/6*; H. White (2016): Agony and ecstasy. Were Saint Paul's Christian beliefs a symptom of epileptic personality disorder? In: *Skeptic. Vol. 21/2*.

aus neurobiologischen Gründen.[111] Einige meinen, dass Paulus eine Neigung zu Visionen hatte.[112] Lüdemann spricht davon, dass Paulus einen „unbewussten Christuskomplex" hatte: Er attackierte das, was ihn eigentlich anzog. Nach Lüdemann löste sich dieser Konflikt schlussendlich in einer Halluzination auf.[113]

Auch hier werde ich mich hüten zu sagen, dass das alles nicht sein kann. Ich komme trotzdem nicht darum zu erwähnen, dass das Feld der Psychohistorie heikel sein kann. Die Rekonstruktion der Psychogeschichte eines längst Verstorbenen ist natürlich mit Risiken behaftet. Wir haben keinen Zugang zum vorchristlichen Geisteszustand von Paulus. Ich sehe daher nicht, wie wir über das Anhäufen einiger erstaunlicher Eventualitäten hinausgehen können.

Und selbst wenn wir annehmen, dass Freunde wie Feinde Jesu Opfer mehrerer Massen- und Einzelhalluzinationen wurden, stehen wir noch vor der Frage: Warum halluzinierten sie etwas, das für Jüdinnen und Juden nicht nur unbekannt, sondern sogar religiös ausgeschlossen war? Im Judentum geht man zwar davon aus, dass es zu einer Auferstehung kommen wird. Für Jüdinnen und Juden zur Zeit des zweiten Tempels ist damit vor allem der Einbruch des

---

111 Vgl z. B. A. Newberg; E. G. D'Aquili; V. Rause (2002): *Why God Won't Go Away: Brain Science and the Biology of Belief*; C. Shantz (2009): *Paul in Ecstasy. The Neurobiology of the Apostle's Life and Thought.*

112 Diese Frage wird z. B. ausführlich bei J. D. G. Dunn (1997): *Jesus and the Spirit. A Study of the Religious and Charismatic Experience of Jesus and the First Christians as Reflected in the New Testament* thematisiert.

113 Vgl. G. Lüdemann (2002): *Die Auferweckung Jesu von den Toten. Ursprung und Geschichte einer Selbsttäuschung.* S. 149.

„kommenden Zeitalters" gemeint, in dem es sich einerseits um die Wiederherstellung Israels und andererseits um das neu verkörperte Leben aller Menschen dreht, die zum Gott Israels gehören. Kurz: Die Auferstehung findet aus jüdischer Sicht *am Ende aller Tage von allen Gerechten* statt. Dass eine *Einzelperson* auferweckt wird und die Auferstehung an sich *vor* dem letzten großen Tag stattfindet, war für Jüdinnen und Juden unvorstellbar.[114] Dale Allison fragt daher völlig zu Recht, „warum eine Vision einen Juden aus dem ersten Jahrhundert dazu veranlasste, zu bekennen, dass Jesus ‚von den Toten auferweckt' worden war."[115] Der Religionsphilosoph William L. Craig geht in die gleiche Richtung:

> „Aufgrund des damaligen jüdischen Glaubens über das Leben nach dem Tod hätten die Jünger, wenn sie Jesus-Halluzinationen hatten, Jesus im Himmel oder in Abrahams Schoß gesehen, wo die Seelen der gerechten Toten dem jüdischen Glauben nach bis zur letzten Auferstehung verweilen würden. Und solche Visionen hätten nicht zu einem Glauben an Jesu Auferstehung geführt. Sie hätten höchstens dazu geführt, dass die Jünger behaupteten, Jesus wäre in den Himmel aufgenommen worden, und nicht von den Toten auferstanden."[116]

---

114 Vgl. z. B. R. L. L. Grabbe (2011): *History of the Jews and Judaism in the Second Temple Period. Vol. 2*. S. 277 f. oder N. T. Wright (2014): *Die Auferstehung des Sohnes Gottes*. S. 57.

115 D. C. Allison (2021): *The Resurrection of Jesus. Apologetics, Polemics, History*. S. 59.

116 W. L. Craig (2015): *On Guard. Mit Verstand und Präzision den Glauben verteidigen*. S. 277.

Die Idee der Auferstehung verstieß aber nicht nur gegen die jüdische Lehre, sondern auch gegen die Erfahrungen mit anderen Messiasbewegungen seinerzeit. Jesus war schließlich nicht der erste Anführer, der eine Bewegung initiierte, in der die Anhänger glaubten, dass ihr Führer und Held der erwartete Messias sei. So gab sich um etwa 5 v. Chr. ein Mann namens *Judas, der Sohn des Ezechias* als Messias aus und war Kopf einer Bewegung, die gegen die römische Herrschaft in Nordisrael rebellierte. Er wurde von Herodes ergriffen und hingerichtet. Auch der Rebell *Simon von Peräa*, ein ehemaliger Sklave von Herodes, beanspruchte den Messias-Titel für sich und wurde 4 v. Chr. von den Römern getötet. Ein paar Jahre später (3 n. Chr.) ließ Herodes den Aufrührer *Anthronges* töten. Auch dieser gab vor, der Messias zu sein.[117]

Wie für Jüdinnen und Juden erwartbar, schlug niemand vor, dass einer von ihnen von den Toten auferweckt wurde. In den antiken Texten aus dem griechisch-römischen Bereich werden keine Parallelen zu Erscheinungen Verstorbener berichtet, die eine Auferstehung bestätigen.[118] Wie die hoffnungsvollen Jüngerinnen und Jünger von Judas, Simon und Anthronges sehen wir am Ende auch die von Jesus Enttäuschten: „Wir hatten gehofft, er sei es, der Israel erlösen werde." (Lk 24,21) Gerade die Kreuzigung Jesu zeigte aber *keinen* triumphalen Erlöser, sondern einen Mann, der ge-

117 Vgl. N. T. Wright (2011): *Das Neue Testament und das Volk Gottes*. S. 226.

118 D. Zeller (2002): Erscheinungen Verstorbener im griechisch-römischen Bereich. In: R. Bieringer et al.(Hg.): *Resurrection in the New Testament*.

foltert und grausam hingerichtet wurde. Der alte Held starb wie viele andere vor ihm.

Für Jüdinnen und Juden machte die Kreuzigung Jesu sogar noch mehr klar: Jesus war nicht nur ein Möchtegern-Messias, sondern auch jemand, der von Gott *persönlich verflucht* war. Warum? Weil sie sich in der Thora, aus ihrer Sicht die direkte Offenbarung Gottes an das jüdische Volk, traditionell gut auskannten und daher wussten: „Von Gott verflucht ist der, der ans Holz gehängt wurde." (5Mos 21,23a). Die Kreuzigung galt daher als Verdammungsurteil Gottes über Wirken und Verkündigung Jesu. Er, der vorgab, Gott selbst zu sein, wurde durch seinen Kreuzestod entlarvt. Deutlicher kann ein vermeintlicher Messias nicht scheitern. Die Flucht von Petrus und Co. überrascht daher kaum.

Über die Gemütslage der ersten Christinnen und Christen unmittelbar nach der Kreuzigung wissen wir nicht viel. Vielleicht war ihre Erschütterung über den Tod Jesu grenzenlos. Aber selbst dann dürfen wir nicht übersehen: Religiöse Bewegungen sind durchaus in der Lage, emotional niederschmetternde Ereignisse erfolgreich zu bewältigen. Erinnert sei nur an Beispiele wie das von Sabbatai Ṣevi, einem jüdischen Religionsgelehrten und Begründer des Sabbatianismus, der im Jahr 1666 zum Islam konvertiere. Einen größeren Schock kann es für seine Anhängerinnen und Anhänger nicht gegeben haben. Das Entsetzen trieb zwar viele vom Sabbatianismus weg, trotzdem blieb die Bewegung in einigen Gebieten noch über 150 Jahre lang bestehen.[119]

---

119 G. Scholem (2016): *Sabbatai Sevi. The Mystical Messiah.* S. 801 f.

Oder denken wir an Menachem Mendel Schneerson, den Anführer des Lubawitscher Zweiges des Chassidismus. Als Schneerson im Jahr 1994 verstarb, hielten viele seiner Anhängerinnen und Anhänger trotz des Schocks und der Verwirrung über seinen Tod weiterhin an dem Glauben fest, dass er der Messias sei. Sie behaupteten, er sei gar nicht tot, sondern verborgen, betonten seine spirituelle Präsenz während des Gottesdienstes und glaubten, dass er in seinem transzendenten Zustand mächtiger sei.[120] Beispiele wie diese zeigen, wie Rationalisierungen es Menschen ermöglichen können, enttäuschte Hoffnungen neu zu beleben und fortzuführen.

Insgesamt gilt aber auch hier: Wer bin ich zu sagen, dass die Erscheinungen der frühen Christinnen und Christen auf keinen Fall Einbildungen gewesen sein können? Die Halluzinationsthese ist denkbar – und ich lege es erneut in Ihre Hände, ihre Überzeugungskraft zu beurteilen. Vertreterinnen und Vertreter eines skeptischen Szenarios sagen, dass der Tod Jesu bei seiner Gefolgschaft Halluzinationen auslöste – nicht nur bei Einzelnen, sondern auch mehrfach bei Gruppen. Nicht nur an einem Ort in einer bestimmten Situation, sondern an vielen Orten in unterschiedlichen Situationen. Die Jesus-Halluzination des einstigen Christengegners Paulus wird als eine Folge eines epileptischen Anfalls und/oder eines Christuskomplexes gesehen.

Die Halluzinationen müssen dabei so realistisch und die Mechanismen der Rationalisierung so stark gewesen sein,

120 M. Kravel-Tovi; Y. Bilu (2008): The Work of the Present. Constructing Messianic Temporality in the Wake of Failed Prophecy among Chabad Hasidim. In: *American Ethnologist. Vol 35*. S. 64 ff.

dass sie erstens die Erfahrungen ihrer Zeit, dass Visionen eines kürzlich Verstorbenen für den Tod und nicht für das Leben der eingebildeten Person sprechen, und zweitens einen zentralen Grundsatz des jüdischen Glaubens selbstsicher über Bord warfen – nämlich die Vorstellung, dass die Auferstehung einer Einzelperson und das Stattfinden der Auferstehung vor dem Jüngsten Tag überhaupt ein Ding der Unmöglichkeit ist.

Echt?

Kommen wir zur dritten Möglichkeit: Die Erscheinungen waren echt. Die ersten Christinnen und Christen haben Jesus tatsächlich erlebt – deshalb berichten sie davon. Es wäre natürlich vorschnell zu sagen, dass sie es hierbei mit dem von den Toten auferstandenen Jesus zu tun hatten. David K. Johnson schlägt vor, dass Jesus zwar starb, aber Petrus, Paulus und Co. zu dem Glauben kamen, dass er auferstanden sei, weil sich jemand anderes als Jesus ausgab. Apokalyptische Prediger waren zu dieser Zeit schließlich weit verbreitet. Der Betrüger hätte sein anderes Aussehen mit dem Verweis auf seine Auferstehung leicht entschuldigen können. Aber vielleicht war das auch gar nicht nötig, so Johnson. Jesus hatte möglicherweise einen Doppelgänger oder sogar einen Zwillingsbruder, den die Menschen nach seinem Tod mit Jesus verwechselten.[121]

---

121 D. K. Johnson (2021): Inference to the Best Explanation and Rejecting the Resurrection. S. 38 f. In: *Socio-Historical Examination of Religion and Ministry. Vol. 3/1.*

Eine zweite Möglichkeit wäre die bereits erwähnte Scheintodhypothese. Sie wird wie gesagt in der historischen Wissenschaft nicht ernst genommen, aber sie ist immerhin denkbar. Eine faire Sichtung der Möglichkeiten muss daher auch sie berücksichtigen.

Angenommen, Jesus hätte seine Kreuzigung tatsächlich überlebt und wäre seinen Jüngerinnen und Jüngern daraufhin begegnet. Die Vorstellung, sie hätten dies als seine Auferstehung interpretiert oder wären darüber getäuscht worden, fordert allerdings viel. Man stelle es sich bildhaft vor: Konnte die Erscheinung eines schwerstverletzten Jesus, der dringend (!) medizinischer Hilfe bedurfte, wirklich zum Fazit führen: „Schaut her, hier ist er! Gott, der auferstandene Bezwinger des Todes!" Das ist schwer vorstellbar. Und wenn Petrus und Co. diese Botschaft erfunden haben, dann hätten sie bewusst gelogen. Aber auch das anzunehmen, fordert, wie gesagt, viel.

Eine dritte Möglichkeit: Die ersten Christinnen und Christen wurden nicht Opfer von mehrfachen Massenhalluzinationen und Einzelvisionen. Und die Vermutung, dass Paulus an Epilepsie und/oder einem Christuskomplex litt, ist nicht richtig. Stattdessen berichteten alle davon, dem Auferstandenen begegnet zu sein, weil dem tatsächlich so war. Jesus hat den Tod bezwungen. Als Jüdinnen und Juden waren sie zwar fest davon überzeugt, dass die Auferstehung eines Einzelnen ein Ding der Unmöglichkeit sei, aber ihre Begegnungen mit Jesus waren von so außergewöhnlicher und überzeugender Qualität, dass sie sich eines Besseren belehren ließen. Diese Option setzt nur einen Gedanken voraus – dass Gott möglicherweise existiert.

„Der Wunderkrempel ist Unsinn!"

Mir ist klar: Der Gedanke eines Wunders ist für viele herausfordernd. Es überraschte mich deshalb auch nicht, als mir ein junger Mann nach einem Vortrag sagte: „Egal wie die Alternative aussieht: Es ist tausend Mal klüger zu denken, dass hier die unwahrscheinlichsten Zufälle zusammenkommen. Der ganze übernatürliche Wunderkrempel ist Unsinn!"

Ich erwähne diesen Einwurf immer gerne, da er Licht auf die *eigentliche* Kontroverse wirft. Der Philosoph Oliver Laas hat Recht, wenn er schreibt, dass für uns in der Regel „die wahrscheinlichere von zwei konkurrierenden erklärenden Hypothesen der Belege diejenige [ist], die mehr im Einklang mit unserem Verständnis davon steht, wie die Dinge in der Welt typischerweise sind." Das ist auch meine Beobachtung: Ostern – oder genauer gesagt: das Osterwunder – befindet sich in der Tat mitten in der Kontroverse über den Zustand der Wirklichkeit.

Und diese Kontroverse ist nicht trivial. Denn woher wollen wir wissen, dass gerade *unser* Verständnis über die Wirklichkeit wahr ist? Metaphysische Positionen sind – ich hatte es bereits erwähnt – per se nicht beweisbar. Ein durch und durch *naturalistisch* geprägter Satz wie „Es ist unmöglich, dass Tote wieder lebendig werden" ist deshalb nicht notwendigerweise richtig.

Er stimmt eben *nur dann*, wenn der Naturalismus stimmt. Genau dann – aber nur dann – kann es keine Eingriffe von außen geben. Aber so einfach ist es eben nicht. Der Naturalismus ist – wie jede andere metaphysische Position – nicht bewiesenermaßen wahr. Er stellt zwar eine Möglichkeit dar, wie es um den Zustand der Wirklichkeit bestellt ist – aber er könnte genauso gut falsch sein. Wer nach Wahrheit sucht, ist also schlecht beraten, die Fragen danach, was richtig und falsch ist, erst dann zu stellen, nachdem man sich für den Naturalismus entschieden hat. Mit Dale Allison gesprochen: „Wenn das, was man am Ende folgert, unweigerlich aus dem folgt, was man am Anfang ausschließt, dann argumentiert man nicht, sondern ergreift einfach Partei."[122]

Das Redlichste und Ehrlichste ist daher eine gesunde Ergebnisoffenheit – eine *agnostische* Einschätzung der Lage. Und die lautet: Solange das Dasein Gottes möglich ist, ist es möglich, dass er in der Geschichte gehandelt hat. Denn *wenn* es einen Schöpfer und Gestalter des Universums gibt, dann wäre es für ihn ein Leichtes, jemanden von den Toten aufzuerwecken. Wenn es einen aktiv handelnden Gott gibt, gibt es keine Sicherheit gegen Wunder, sagte C. S. Lewis einmal.[123]

Gott müsste auch gar keine Naturgesetze brechen, um in die Welt einzugreifen. Wenn ich meine Uhr zu Boden fallen lasse, kann ich genau berechnen, wann und wie schnell sie am Boden auftrifft. Aber weil es meine Lieblingsuhr ist, entscheide ich mich, sie aufzufangen. Meine Berechnung war also falsch – wurde dabei ein Naturgesetz verletzt? Natürlich nicht. Ich habe nur willentlich eine neue Kraft eingeführt, die den Fall meiner Uhr gestoppt hat. Was sollte den Schöpfer des Universums, wenn es ihn gibt, also hin-

122 D. C. Allison (2021): *The Resurrection of Jesus. Apologetics, Polemics, History*. S. 325.
123 Vgl. C. S. Lewis (1974): *Miracles*. S. 169

dern, in sein Universum einzugreifen und eine Kraft auszuüben, die Jesus von den Toten aufleben lässt?[124]

Das heißt: Unmöglich ist nicht, dass ein Toter wieder lebendig wird. Unmöglich ist, dass ein Toter wieder lebendig wird, *wenn* es niemanden gibt, der von außen ins Geschehen eingreifen kann. Oder um in den Worten des jungen Mannes zu bleiben: Der ganze Wunderkrempel ist nur dann Unsinn, wenn klar wäre, dass Gott nicht ist. Weil das aber zumindest möglich und – wie ich in Kapitel 3 zu zeigen versucht habe – sogar gut begründbar ist, stellt die Auferstehung eine ernstzunehmende Erklärung für die Jesus-Erscheinungen der ersten Christinnen und Christen dar. Russell Cowburn, Professor für Experimentalphysik an der University of Cambridge, schreibt:

> „Wissenschaft ist die Beschreibung davon, wie Gott die meiste Zeit zu arbeiten wählt. Aber er ist souverän und er kann wählen, auf jede Weise zu arbeiten, die ihm gefällt. Und es gibt besondere Zeiten und Orte, an denen er sich anders verhalten wird – das Wichtigste davon ist die Auferstehung Jesu. Wir wissen, dass tote Körper nach der Wissenschaft nicht wieder zum Leben kommen. Und dennoch ist das Christentum auf der Beobachtung aufgebaut, dass Jesus zurück ins Leben kam. Und ich bin sehr froh zu sagen, dass in diesem besonderen Moment Gott anders handelte."[125]

---

124 Und wer hier noch berechtigte Rückfragen hat, dem sei z. B. meine Podcastfolge mit Prof. Dr. Daniel von Wachter *Wunder: möglich oder undenkbar? Über Naturgesetze, David Hume und Gott* ans Herz gelegt.

125 R. McLaughlin (2022): *Weihnachten – unglaublich? Vier Fragen, die jeder an die unglaublichste Geschichte der Welt stellen sollte*. S. 40.

Randstück 3: Das leere Grab

Kommen wir zum dritten Aspekt des historischen Rands: Das Grab Jesu wurde wenige Tage nach der Grablegung Jesu leer aufgefunden. Dass dem so war, da sind sich angesehene wie führende Leben-Jesu-Forscher wie Dale Allison (Princeton University)[126], Nicolas Thomas Wright (Oxford/St. Andrews)[127], Peter Williams (University of Cambridge)[128], Richard Bauckham (University of Cambridge)[129], James Dunn (Durham University)[130], Craig Evans (Houston Christian University)[131] und Martin Hengel (Eberhard Karls Universität Tübingen)[132] begründet einig.

Um ein Grab zu leeren, braucht es natürlich kein Wunder. Aber die Kritik mancher daran setzt bereits früher an: Wurde Jesus *überhaupt* begraben? John Dominic Crossan argumentiert, dass man in Wirklichkeit davon ausgehen müsse, dass die Römer gekreuzigte Verbrecher zur Abschreckung am Kreuz hängen ließen.[133] Der gerade erwähnte Martin Hengel bemerkt hierzu: „Er [Crossan] beruft sich

---

126 D. C. Allison (2021): *The Resurrection of Jesus. Apologetics, Polemics, History.*

127 N. T. Wright (2014): *Die Auferstehung des Sohnes Gottes.*

128 P. J. Williams (2020): *Glaubwürdig. Können wir den Evangelien vertrauen?*

129 R. Bauckham ([2]2017): *Jesus and the Eyewitnesses. The Gospels As Eyewitness Testimony.*

130 J. D. G. Dunn (2016): *Why believe in Jesus' Resurrection? A Little Book Of Guidance.*

131 C. A. Evans (2012): *Jesus and His World. The Archaeological Evidence.*

132 M. Hengel (2007): *Studien zur Christologie. Kleine Schriften IV.*

133 J. D. Crossan (1999): *The Birth of Christianity. Discovering What Happened In the Years Immediately After the Execution of Jesus.* S. 552 ff.

dabei ausgerechnet auf mein Büchlein über die Kreuzigung in der Antike und übersieht geflissentlich, daß Jesus in Jerusalem gekreuzigt wurde, wo selbst ein Pilatus auf jüdische Gesetzesbestimmungen Rücksicht nehmen mußte."[134] Und das, wie wir heute wissen, sogar gegen seinen Willen.[135] Unerwartete Rückendeckung bekommt Hengel vom Skeptiker Lüdemann:

> „Diese Möglichkeit [das Hängenlassen am Kreuz] scheidet für Jesus wohl aus, da die Traditionen übereinstimmend von einer Abnahme vom Kreuz berichten (auch 1Kor 15,4 setzt das voraus). Daher dürfte Jesu Bestattung zu jenen Fällen gehören, bei denen die römische Behörde den Leichnam freigaben. [...] Außerdem war die Freigabe und Abnahme Jesu vom Kreuz auch im Sinne des Pilatus, weil so von vornherein einer Unruhe angesichts der großen Zahl von Festbesuchern vorgebeugt wurde."[136]

Andere meinen, dass die Überlieferung über Joseph von Arimathia und die Auffindung des leeren Grabes durch die

---

134 M. Hengel (2007): Das Begräbnis Jesu bei Paulus und die leibliche Auferstehung aus dem Grabe. In: *Studien zur Christologie. Kleine Schriften IV.* S. 387. Mit dem Verweis auf die jüdische Gesetzgebung meint Hengel die Regelung in 5Mos 21,23: „So soll sein Leichnam nicht über Nacht an dem Holz bleiben, sondern du sollst ihn am selben Tage begraben – denn ein Aufgehängter ist verflucht bei Gott –, auf dass du dein Land nicht unrein machst."

135 Vgl. Josephus, *Bell.* 2. S. 169 ff.; *Ant.* 18. S. 55ff., Philo, *Legatio ad Gaium.* S. 299 ff.

136 G. Lüdemann (2002): *Die Auferweckung Jesu von den Toten. Ursprung und Geschichte einer Selbsttäuschung.* S. 51 f.

Frauen eine Legende sei und verworfen werden müsse: Gekreuzigte Verbrecher, so die Argumentation, wurden zwar begraben, aber sie fanden ihre Ruhestätte in einem anonymen Massengrab für Straftäter.[137] Erneut Hengel:

> „Diese [Kritik] macht es sich freilich damit doch etwas zu leicht und erweist eher ihre ‚ahistorisch-unkritische' Methode. Denn vom Faktum des Begräbnisses Jesu ist in eindeutiger, unübersehbarer Weise bereits in einem uns allen wohlbekannten Paulustext die Rede, der auf die Anfänge der Urgemeinde zurückgeht und der der älteste ausführlichere Auferstehungstext ist, den wir überhaupt besitzen. Er möchte mit seinem Hinweis auf das Begräbnis Jesu gewiß nicht die Beseitigung von dessen Leichnam ins Massengrab für Kriminelle zum Ausdruck bringen."[138]

Ich kann auch nach Sichtung vieler weiterer Literatur nicht sehen, dass der Fall, Jesus sei in einem anonymen Massengrab beerdigt worden, ernsthaft diskutiert wird. Ich stimme daher dem Resümee von Dale Allison zu, der am Ende seiner mehr als gründlichen Auseinandersetzung zur Historizität der Grablegung Jesu mit den Worten schließt:

> „Aus den vorangegangenen Abschnitten geht hervor, warum ich es für wahrscheinlich halte, dass ein Mann namens Jo-

---

137 Vgl. z. B. H. Grass (1970): *Ostergeschehen und Osterberichte.* S. 179 f.
138 M. Hengel (2007): Das Begräbnis Jesu bei Paulus und die leibliche Auferstehung aus dem Grabe. In: *Studien zur Christologie. Kleine Schriften IV.* S. 388.

> seph, wahrscheinlich ein Sanhedrist aus dem obskuren Arimathia, bei den römischen Behörden die Erlaubnis suchte und erhielt, Vorkehrungen für die eilige Bestattung Jesu zu treffen. Ich räume ein, dass die Beweise unvollständig sind, und im Gegensatz zu John A. T. Robinson behaupte ich nicht, dass das Begräbnis „als eine der am festesten verankerten Tatsachen im Leben Jesu akzeptiert werden muss". Es bleibt möglich, dass jemand die Geschichte erfunden hat.
>
> Doch dafür gibt es keine wirklichen Anzeichen, sondern eher mehrere Hinweise auf das Gegenteil. Außerdem steht nichts, was wir über jüdische Bestattungspraktiken oder römisches Recht und Sitte wissen oder aus der Archäologie, an irgendeiner Stelle im Widerspruch zu Mk 15:42-47."[139]

Konzentrieren wir uns daher lieber auf die Frage, die wirklich besprochen wird: Warum war das Grab Jesu leer? Wie gesagt, bedarf es keines Wunders, um ein Grab zu leeren. Viele Möglichkeiten lassen sich denken. Eine davon lautet, dass die ersten Christinnen und Christen den Leichnam selbst entwendet haben. Warum auch immer. In diesem Fall wussten sie aber, dass ihre Auferstehungsbotschaft eine Lüge war. Diese wäre ihnen so viel wert gewesen, dass sie z. B. in Kauf nahmen, von Hunden zerfleischt zu werden bzw. ans Kreuz geschlagen und verbrannt zu werden.[140] Zum an-

---

139 D.C. Allison (2021): *The Resurrection of Jesus. Apologetics, Polemics, History.* S. 114.

140 Einzig Paulus wäre von dieser Todesart, weil er das römische Bürgerrecht besaß, verschont geblieben. Römische Bürger waren im Falle einer Todesstrafe berechtigt, einen würdevolleren Tod z. B. durch Enthauptung zu erfahren, was Paulus letztlich aufgrund seiner Jesusverkündigung ereilte.

deren war ihnen bewusst, dass ihre Lüge Gottes Zorn nicht nur im irdischen Leben, sondern auch gerade am Tag des Jüngsten Gerichts nach sich ziehen würde.

Oder – eine zweite Möglichkeit: Das Grab war leer, weil der Leichnam irgendwie anders wegkam. Tertullian, ein Theologe der frühchristlichen Kirche, weiß z. B. von der Behauptung, dass ein Gärtner Jesus entfernt habe, damit die fromme Menge, die den Ort besuchte, seinen Salat nicht zertreten würde.[141] Vielleicht waren auch zwielichtige Gestalten am Werk. Grabräuberei war zur Zeit Jesu in Jerusalem zweifellos ein ernstes Problem. Dies wird z. B. durch die sogenannte Nazareth-Inschrift und durch jüdische Grabinschriften belegt, welche Flüche über die aussprachen, die Gräber entweihten.[142] Magier und Totenbeschwörer hatten seinerzeit ein besonderes Interesse an Verstorbenen – gerade an solchen, die eines gewaltsamen Todes gestorben waren.[143]

Vielleicht hat Joseph von Arimathia den Leichnam woanders hingebracht. Möglicherweise waren es auch „irdi-

---

141 Tertullian: Speculum. Kapitel 30. In: A. Reifferscheid; G. Wissowa (1890): *Corpus Scriptorum Ecclesiasticorum Latinorum. Band 20.* S. 29.

142 Vgl. F. Cumont (1930): Un réscrit impérial sur la violation de sépulture. In: *Revue Historique. Vol. 163/2.* https://t1p.de/869yx; B. M. Metzger (1980): *New Testament Studies: Philological, Versional, and Patristic.* S. 75 ff. A. Giovannini; M. Hirt (1999): L'inscription de Nazareth. Nouvelle interprétation. In: *Zeitschrift für Papyrologie und Epigraphik. Bd. 124.* https://t1p.de/c258sP. W. Van Der Horst (1991): *Ancient Jewish Epitaphs. An Introductory Survey of a Millennium of Jewish Funerary.*

143 Vgl. z. B. G. Luck (2006): *Arcana Mundi. Magic and the Occult in the Greek and Roman Worlds. A Collection of Ancient Texts*; D. Odgen (2009): *Magic, Witchcraft and Ghosts in the Greek and Roman Worlds.*

sche" Gründe: Seismologische Daten zeigen, dass es kurz vor der Kreuzigung Jesu in Judäa ein starkes Erdbeben gab. Es ist denkbar, dass sich durch ein Nachbeben ein Riss im Boden des Grabes auftat und sein Körper hineinfiel.[144]

In diesem Fall hätten die frühen Christinnen und Christen das Grab leer aufgefunden, ohne zu wissen, wie es dazu gekommen war. Sie konnten höchstens spekulieren. Das allein führte aber nicht zum „Osterjubel". Wie gesagt, wussten auch die Menschen der Antike, dass Tote nicht wieder lebendig werden. Und auch – bzw. *gerade* – ihre religiösen Überzeugungen gaben ihnen keinen Anlass, anders zu denken, denn die Auferstehung eines Einzelnen und das Stattfinden der Auferstehung vor dem Jüngsten Tag überhaupt waren im jüdischen Glauben definitiv ausgeschlossen.

In einem skeptischen Szenario ergeben sich zwei Möglichkeiten: Petrus und Co. sahen das leere Grab, wussten nicht, warum es leer war, und nutzten es als Vorwand, um die – für jüdische Ohren allerdings total unglaubwürdige – Geschichte der Auferstehung Jesu zu propagieren. Die Massen- und Einzelhalluzinationen, von denen sie kurz darauf berichteten, waren dann wahrscheinlich auch erlogen. Was Paulus, Petrus und Co. für ihre selbst erfundene Lüge alles auf sich nahmen, braucht wohl nicht mehr wiederholt zu werden.

Oder die frühen Christinnen und Christen sahen das leere Grab, wussten nicht, warum es leer war, machten aber

---

144 Vgl. S. A. Austin (2012): *Jerusalem Earthquake of 33 A.D. Evidence Within Laminated Mud of the Dead Sea, Israel.* [Vortrag] https://t1p.de/8uslt

nicht mehr daraus, als es war. Im Weiteren ereilten sie in unterschiedlichen Situationen mehrere Kollektiv- und Einzelhalluzinationen, in denen ihnen der auferstandene Jesus begegnete. Die Halluzination des einstigen Christengegners Paulus war die Folge eines epileptischen Anfalls und/oder eines Christuskomplexes. Das alles geschah entgegen ihrer religiösen Überzeugung, dass die Auferstehung einer Einzelperson vor dem Jüngsten Tag unmöglich ist, und trotz ihres Wissens, dass Visionen eines kürzlich Verstorbenen üblicherweise eher den Tod als das Leben der eingebildeten Person zeigen.

Eine weitere Möglichkeit ist, dass die ersten Christinnen und Christen schlicht den Standort des tatsächlichen Grabes Jesu vergessen hatten und sie stattdessen zu einem anderen, leeren Grab pilgerten. Dieses Grab und sein geographisches Umfeld müssen dem echten Grab so ähnlich gewesen sein, dass sie die Verwechslung nicht bemerkten.

Oder das Grab war leer, weil Jesus von den Toten auferweckt wurde. Und ich erinnere gerne daran: Unmöglich ist *nicht*, dass ein Toter wieder lebendig wird. Unmöglich ist, dass ein Toter wieder lebendig wird, *wenn* es Gott nicht gibt. Diese vierte Option setzt also nur voraus, dass Gott möglicherweise existiert. Wäre der Naturalismus zweifelsfrei wahr, wäre das natürlich ausgeschlossen. Aber wie gesagt ist der Naturalismus nicht bewiesenermaßen wahr. Wie jede metaphysische Position kann er richtig, aber genauso gut falsch sein. Dasselbe gilt natürlich auch für den Theismus.

Wer fair an die Sache herangehen will, sollte deshalb weder den Theismus noch den Naturalismus als stimmig voraussetzen. Um diese vierte Möglichkeit ernsthaft in Betracht zu ziehen bzw. sie nicht von vorneherein auszuschließen, ist das auch gar nicht nötig. Es genügt bereits eine weltanschaulich neutrale Sichtweise: eine agnostische. Denn solange *die Möglichkeit* der Existenz Gottes besteht, besteht auch *die Möglichkeit*, dass er in der Geschichte eingegriffen und Jesus von den Toten auferweckt hat. Solange das möglich ist, ist auch die Auferstehungsthese möglich.

Jesus war nicht irgendwer

Wir können noch einen weiteren Punkt anführen, der für die Gesamtbeurteilung der Lage nicht unwichtig ist. Einen Punkt, der zwar keine strenge Beweislinie sein will, aber dessen Zusammenspiel mit den genannten Randstücken ich für so wichtig halte, dass ich ihn nicht unerwähnt lassen möchte: die Besonderheit des Wirkens des historischen Jesus. Die Berichte von den Erscheinungen des Auferstandenen und vom leeren Grab handeln schließlich nicht von irgendeiner x-beliebigen Person, sondern von einem Menschen, der als außergewöhnlich gilt. Ein Mann, über den der Theologieprofessor Michael Herbst (Universität Greifswald) schreibt:

> „Wahrscheinlich wäre diese Geburt in jener Nacht ebenso ins Vergessen gesunken wie die Tausende ähnlicher Geburten in ähnlichen Nächten unter ähnlichen Bedingungen – wenn, ja wenn dieses Kind nicht als Erwachsener solch erstaunliche Dinge gesagt und getan hätte. Wenn er nicht Kranke geheilt hätte. Wenn er nicht Gottes Liebe mit vollen Armen ausge-

> teilt hätte. Wenn er nicht den in Schuld Verstrickten neue Anfänge geschenkt hätte. Wenn er sich nicht so mit denen angelegt hätte, die ohne Erbarmen richteten. Aber alles das fing in jener Nacht an. Und doch, es wäre wohl nur eine Randnotiz der Geschichte, wenn dieser Jesus nicht auf so furchtbare Weise hingerichtet worden wäre, an einem Kreuz verreckt. Und wenn es nicht drei Tage später geheißen hätte: Er ist wieder da! Der Tod konnte ihn nicht halten. Es ist nicht vorbei. Es geht weiter."[145]

Die Berichte vom leeren Grab und den Erscheinungen der frühen Christinnen und Christen drehen sich genau um ihn – Jesus. Einen Mann, der durch die Bergpredigt und seine Lehren einen nachhaltigen Einfluss auf die ethischen Werte und sozialen Gerechtigkeitsvorstellungen ausübte. Zentrale Elemente seiner Lehren wie die Goldene Regel *Alles, was ihr von anderen erwartet, das tut auch ihnen* und die Aufforderung, auch die andere Wange hinzuhalten, haben die moralischen Grundlagen in vielen Kulturen weltweit geprägt.

Seine friedliche Haltung selbst in Konfrontationen, sein Leben der Demut, seine Bereitschaft, mit Ausgestoßenen und Sündern Gemeinschaft zu haben, und seine Selbstlosigkeit, auch unter schwierigen Umständen zu leben, wurden über Jahrhunderte hinweg in verschiedenen Kulturen adaptiert und interpretiert. All das unterstreicht den Status von Jesus als einer der einflussreichsten Figuren der

145 M. Herbst (2014): *GreifBar-Predigt am 14. Dezember 2014.* https://t1p.de/e90eu

Menschheitsgeschichte. Es lässt sich sogar historisch gut rekonstruieren, was Jesus selbst von sich behauptet hat. In seinen Lebensberichten lesen wir von einigen Ansprüchen, die Jesus für sich erhob und die als historisch gesichert gelten: Die häufigste dieser Selbstbezeichnungen ist hier *der Sohn des Menschen*, die wir im Neuen Testament über 81-mal immer im Munde Jesu finden (Mk 14-mal, Mt 30-mal, Lk 25-mal und Jh 12-mal).

Jesus antwortet z. B. einem Schriftgelehrten, der ihm anbietet, mit ihm zu gehen, wohin auch immer er geht: „Die Füchse haben ihren Bau und die Vögel ihre Nester; aber der Menschensohn hat keinen Ort, wo er sich ausruhen kann." (Mt 8,19 f.) Jesus bezieht diesen Ausdruck konkret auf sich. Indem er von sich nicht als *einem*, sondern *dem* Menschensohn spricht, macht er auf die göttlich-menschliche Gestalt aus dem alttestamentarischen Buch *Daniel* aufmerksam. Daniel schreibt dort:

> „Ich sah in diesem Gesicht in der Nacht, und siehe, es kam einer mit den Wolken des Himmels wie eines Menschen Sohn und gelangte zu dem, der uralt war, und wurde vor ihn gebracht. Der gab ihm Macht, Ehre und Reich, dass ihm alle Völker und Leute aus so vielen verschiedenen Sprachen dienen sollten. Seine Macht ist ewig und vergeht nicht, und sein Reich hat kein Ende." (Dan 7,13 f.)

In Daniels Vision sieht die beschriebene Person zwar aus wie ein Mensch, sie kommt aber mit den Wolken des Himmels und ihr wird Ehre und Herrschaft gegeben, wie sie nur Gott gebührt. Auch außerbiblische jüdische Schriften sprechen auf ähnliche Weise vom Menschensohn: Die Bilderreden des äthiopischen Henochbuches beschreiben den präexistenten Sohn des Menschen (1Hen 48,3–6 u. 62,7) vor allem als universellen Richter, „der die Könige von ihren Thronen und ihren Herrschaften stoßen" (1Hen 46,4), auf dem „Thron der Herrlichkeit" (1Hen 69,29) sitzen und die Gerechten zur Endzeitgemeinde sammeln wird (vgl. 1Hen 45,3 f.; 47,4; 48,1–7). Im 4. Buch Esra wird das Auftreten und die endzeitliche Funktion des Menschensohns geschildert. Dieser wird die Völker richten und das Volk Israel sammeln (vgl. 4Esr 13,3).

Der Neutestamentler Udo Schnelle hält fest: „Deutlich ist in jedem Fall, dass es sich um eine *himmlische, menschenähnliche Gestalt mit Richter-, Herrscher- und Retterfunktion handelt.*"[146] Jesus erhebt also einen gewaltigen Anspruch für sich: Wenn er von sich als „dem Menschensohn" spricht, meint er damit, der Weltrichter, Weltherrscher und Weltretter persönlich zu sein. Eine ultimativere Personalunion kann es wohl kaum geben! Es liegt auf der Hand, dass diese Wortbedeutung für viele heute nicht mehr klar ist. Dass wir aber Lücken im Textverständnis riskieren, wenn wir das Neue Testament – eine jüdisch geprägte Textsammlung aus dem 1. Jahrhundert – mit unserer westeuropäischen Brille des 21. Jahrhunderts lesen, dürfte naheliegen.

Sein Selbstverständnis wird nicht nur durch das deutlich, was Jesus sagte, sondern auch durch das, was er behauptete, tun zu können. Um das zu verdeutlichen, zitiere ich eine kurze Passage aus dem Anfang des Markusevangeliums:

---

146 U. Schnelle ([9]2017): *Einleitung in das Neue Testament.* S. 131.

> „Da kamen vier Männer, die einen Gelähmten trugen. Weil sie wegen der vielen Menschen nicht bis zu Jesus kommen konnten, deckten sie über ihm das Dach ab. Durch diese Öffnung ließen sie den Gelähmten auf seiner Trage hinunter. Als Jesus ihren festen Glauben sah, sagte er zu dem Gelähmten: ‚Mein Sohn, deine Sünden sind dir vergeben!' Aber einige der anwesenden Schriftgelehrten dachten: ‚Das ist Gotteslästerung! Was bildet der sich ein! Nur Gott allein kann Sünden vergeben.' Jesus durchschaute sie und fragte: ‚Wie könnt ihr nur so etwas denken! Ist es leichter zu sagen: ‚Dir sind deine Sünden vergeben' oder diesen Gelähmten zu heilen? Aber ich will euch zeigen, dass der Menschensohn die Macht hat, hier auf der Erde Sünden zu vergeben.'" (Mk 2,4–10)

Hier haben wir nicht nur eine weitere Situation, in der sich Jesus als „den Menschensohn" bezeichnet, sondern zusätzlich von sich behauptet, Menschen ihre Sünden vergeben zu können. Für Jüdinnen und Juden im 1. Jahrhundert war diese Aussage eine Ungeheuerlichkeit! Vor allem die Schriftgelehrten, die religiöse Elite der damaligen Zeit, zeigten sich höchst empört: Sündenvergebung war „Chefsache" – nur einer konnte Sünden vergeben, Gott allein. Indem Jesus aber genau das von sich behauptete, legte er seinen göttlichen Anspruch für alle klar erkennbar auf den Tisch.

Den Anspruch Jesu, selbst Gott zu sein, können wir nicht nur an den Situationen erkennen, in denen sich Jesus als *Menschensohn* bezeichnet. Sondern auch an Gesprächen wie dem folgenden, als er mit einigen seiner jüdischen Zeitgenossen diskutiert:

> „Ich und Gott, der Vater, sind eins.' Und von neuem hoben die Juden Steine auf, um Jesus zu steinigen. Da sagte er zu ihnen: ‚Ich habe vieles getan, was euch zeigt, dass ich im Auftrag des Vaters handle. Für welche dieser Taten wollt ihr mich steinigen?' ‚Wir steinigen dich nicht wegen einer guten Tat, sondern weil du ein Gotteslästerer bist', gaben die Juden zur Antwort. ‚Du machst dich zu Gott, obwohl du nur ein Mensch bist.'" (Joh 10,30 ff.)

Interessant ist hier nicht nur die Selbstbeschreibung Jesu, sondern vor allem die Reaktion seiner Zuhörerinnen und Zuhörer: „Du machst dich zu Gott, obwohl du nur ein Mensch bist." Natürlich müssen wir Ruhe bewahren: Nur weil Jesus von sich *behauptet*, Gott, der Weltrichter, Weltherrscher und Weltretter zu sein, heißt das nicht, dass es auch stimmt. Trotzdem macht es Jesus uns durch sein Reden und Handeln nicht so einfach, wie viele populäre Veröffentlichungen über ihn sagen: „Er war ein großer ethischer Lehrer und großes Vorbild." Martin Hengel schreibt:

> „Den immer noch so beliebten ‚unmessianischen Jesus' hat es nie gegeben. Das zeigt der Vergleich Jesu mit Johannes dem Täufer, seine Verkündigung in ‚Vollmacht', seine ‚Krafttaten', die Leidensgeschichte mit ihrer Anklage, er sei ‚der König der Juden', und die Entstehung der frühesten Christologie, die ihren letzten Grund in Jesu Wirken und Weg besitzt."[147]

---

147 M. Hengel (2007). *Geschichte des frühen Christentums. Band I. Jesus und das Judentum*. Vorwort.

Auch Udo Schnelle bringt den enormen Anspruch von Jesus auf den Punkt:

> „Der Gesamtbefund lässt nur einen *historischen Schluss* zu: *Das Leben Jesu war nicht unmessianisch*! Jesu Selbstanspruch, Repräsentant des gegenwärtigen und kommenden Gottesreiches zu sein, seine Freiheit gegenüber der Tora, seine souveränen Jüngerberufungen, seine Gewissheit, die entscheidende Gestalt in Gottes Gerichtshandeln und der gegenwärtige sowie kommende, von Gott inthronisierte Menschensohn zu sein, lassen nur den Schluss zu, dass Jesus einen ungeheuren Anspruch für seine Person erhobt, der von keinem Juden vor und nach ihm so gestellt wurde."[148]

Insgesamt ergibt sich folgendes Bild: Das leere Grab und die Berichte über die Jesuserscheinungen nach der Auferstehung bilden an sich schon ein bemerkenswertes Kuriosum. Und diese Ereignisse gewinnen weiter an Bedeutung, wenn man bedenkt, dass sie sich nicht bei einer x-beliebigen Person ereignet haben, sondern bei Jesus, über den wir so viele weitere bemerkenswerte Dinge wissen. *Was wäre, wenn?* Wenn das wirklich zu einer erkennbaren Struktur in der Geschichte führt, die darauf hindeutet, dass Jesus Gott ist, der auf die Erde kam, um uns seine Identität zu offenbaren. Und der an unserer Stelle für unsere Verfehlungen starb, damit nicht *wir* die Konsequenzen unseres Fehlverhaltens tragen müssen.

---

148 U. Schnelle (2014): *Theologie des Neuen Testaments*. S. 136.

Fazit: Wir stehen vor zwei Szenarien

Ich denke nach wie vor, dass Bescheidenheit eine Tugend ist: Ich kann und möchte mich daher nicht so weit aus dem Fenster lehnen und sagen: „Die Auferstehung Jesu ist *die beste* Erklärung der historisch ermittelbaren Daten." Es gibt meiner Ansicht nach keine „tsunamihafte" Erklärung, die alle anderen konkurrierenden Antworten restlos vom Tisch fegen könnte. Keine christliche, aber auch keine naturalistische.

Mein Denken ist genügsamer – ich formuliere es einmal in den Worten des Historikers James A. Froude: „Die Beweise für die Auferstehung im gewöhnlichen Sinne des Wortes mögen ausreichen, um zu zeigen, dass etwas Außergewöhnliches geschehen ist, aber sie reichen nicht aus, um eine absolute und unerschütterliche Überzeugung hervorzurufen."[149] Froude hat Recht: Was sich im April 30 in Jerusalem abgespielt hat, sind außergewöhnliche Ereignisse. Wenn man alles zusammennimmt, ist es eine seltsame Abfolge von Ereignissen, über die auch Skeptikerinnen und Skeptiker einige Minuten nachdenken sollten.

Meiner Ansicht nach stehen wir am Ende vor zwei Szenarien. Eines davon ist ein skeptisches: Das Grab war leer, weil irgendwer den Leichnam Jesu entwendet hat: Grabräuber, ein ungehaltener Gärtner, Joseph von Arimathia etc. Bei den mehreren Gruppen- und Einzelerscheinungen, bei denen die Jüngerinnen und Jünger Jesus an unterschied-

149 J. A. Froude (1964): *Short Studies on Great Subjects*. S. 211 f.

lichen Orten zu unterschiedlichen Zeiten sahen und mit ihm sprachen, handelte es sich um Massenhalluzinationen und Einzelvisionen. Die Jesus-Halluzination von Paulus ergab sich aufgrund eines epileptischen Anfalls und/oder Christuskomplexes.

Die Mechanismen der Rationalisierung waren bei allen Halluzinierenden so stark, dass sie zum einen ihr Wissen darüber, dass Visionen eines kürzlich Verstorbenen für den *Tod* und nicht für das Leben der eingebildeten Person sprechen, und zum anderen einen zentralen Grundsatz des jüdischen Glaubens selbstsicher über Bord warfen – nämlich die Vorstellung, dass die Auferstehung einer Einzelperson und das Stattfinden der Auferstehung vor dem Jüngsten Tag überhaupt nicht möglich ist.

Oder wir nehmen an und wären damit beim zweiten Szenario, dass Gott existiert und er Jesus von den Toten auferweckt hat. Deshalb war das Grab leer und deshalb berichten die Jüngerinnen und Jünger sowie Paulus, dass ihnen der auferstandene Jesus begegnet sei. In diesem Szenario warfen sie ihr Wissen, dass Visionen kürzlich Verstorbener für den *Tod* der jeweiligen Person sprechen und ein Dogma des jüdischen Glaubens selbstsicher über Bord, weil ihre Begegnung mit dem Auferstandenen sie eines Besseren belehrte. Der schottische Skeptiker David Hume schreibt:

> „Wenn mir jemand erzählt, er habe einen Toten wieder lebendig werden sehen, überlege ich sofort, ob es wahrscheinlicher ist, dass dieser Mensch entweder täuscht oder getäuscht wird, oder dass die Tatsache, von der er berichtet, wirklich gesche-

hen ist. Ich wäge das eine Wunder gegen das andere ab; und je nach der Überlegenheit, die ich entdecke, fälle ich mein Urteil und verwerfe immer das größere Wunder."[150]

Genau das bitte ich Sie auch: Wägen Sie das eine Szenario gegen das andere ab – wunderlich sind sie in der Tat beide. Und meine alte Bitte besteht, dass Sie bei aller Skepsis weltanschaulich offen bleiben. Nicht nur als Lippenbekenntnis, sondern – weil viel Grund dazu besteht – ehrlich und wirklich. Wenn wir uns darauf einigen können, ist viel erreicht. Mir geht es schließlich „nur" darum, Sie für den Gedanken zu gewinnen: *Es ergibt Sinn, davon auszugehen, dass Jesus von den Toten auferweckt wurde.* Diese Überzeugung ist eine vernünftige Überzeugung.

Um hier – und sei es auch nur testweise – mitzugehen, braucht man nicht einmal Theist zu sein. Es genügt, dem Dasein Gottes *agnostisch* gegenüberzustehen. Und da es keinen zwingenden Grund gibt, den Naturalismus für wahr zu halten, ist das eine redliche Position. Solange die Möglichkeit der Existenz Gottes besteht, besteht auch die Möglichkeit, dass er in die Geschichte eingegriffen hat, und das ist gut begründbar. Noch einmal William L. Craig:

„Die Plausibilität der Auferstehung Jesu wächst exponentiell, sobald wir sie in ihrem historischen Kontext, nämlich Jesu beispiellosem Leben und radikalen Behauptungen über sich selbst, und in ihrem philosophischen Kontext, nämlich den

150 D. Hume (1748/2000): *An Enquiry Concerning Human Understanding.* S. 89.

> Belegen für Gottes Existenz, betrachten. Sobald man die Ansicht übernimmt, dass Gott [möglicherweise] existiert, ist die Hypothese, dass Gott Jesus von den Toten auferweckt hat, nicht weniger plausibel als die anderen."[151]

Aber ich hatte bereits angedeutet, dass der christliche Glaube nicht automatisch wahr wird, nur weil die Auferstehung eine stichhaltige Erklärung für das ist, was wir über die Tage nach dem 7. April 30 in Jerusalem wissen. Es lässt sich aber guten Gewissens und intellektuell redlich sagen: *Die Überzeugung, dass Jesus von den Toten auferweckt wurde, ist eine vernünftige Überzeugung.* Und das ist alles andere als eine belanglose Erkenntnis! Trotzdem stimme ich Dale Allison zu, wenn er zu bedenken gibt, dass der Glaube an die Auferstehung viele Fragen *nicht* klärt:

> „Er hilft uns nicht nur nicht bei der Entscheidung, ob wir Katholiken, Quäker, Baptisten oder was auch immer sein sollen, er sagt uns auch nicht, welche Bücher in den Kanon gehören, oder welche Sühnelehre wir unterstützen sollten, oder ob Athanasius näher an der Wahrheit war als Arius, oder ob wir auf die Erlösung aller hoffen sollten, oder ob die Bilderstürmer oder ihre Gegner die Zustimmung Gottes hatten, oder ob wir das Filioque rezitieren sollten, oder ob Martin Luther mit Glauben und Werken Recht hatte, oder ob man Säuglinge taufen sollte, oder ob die göttliche Offenbarung im

---

151 W. L. Craig (2015): *On Guard: Mit Verstand und Präzision den Glauben verteidigen*. S. 282.

heiligen Text oder in der Geschichte dahinter zu finden ist. Und so geht es weiter."[152]

Ja, bei all diesen Fragen hilft die Auferstehung nicht weiter. Wer sie für voll nimmt, kauft sich also keine Antworten auf Sachverhalte ein, wie Allison sie aufwirft. Ich will solche Fragen weder klein- noch schlechtreden. Ich sehe es als großen Gewinn an, gerade in den Austausch mit den Christinnen und Christen treten zu dürfen, die andere Ansichten vertreten als ich. Mein Kopf ist schließlich rund, damit mein Denken die Richtung ändern kann.

In diesem Buch will ich mich aber „nur" auf die Basics beschränken, das erscheint mir bereits genug: Wie viel Sinn ergibt die Idee eines Schöpfergottes? Und gibt es Gründe, dem christlichen Glauben eine echte Chance zu geben? Wie ist das mit der Auferstehung Jesu?

---

152 D. C. Allison (2021): *The Resurrection of Jesus. Apologetics, Polemics, History*. S. 361.

Exkurs: Ein Jude findet Jesus

Ich möchte nun gerne jemanden zu Wort kommen lassen, der – wie möglicherweise auch Sie – herzlich wenig mit der Auferstehung Jesu anfangen konnte. Sein Name ist im Verlauf dieses Buches bereits gefallen. Und wenn jemand nicht unter Verdacht steht, ein leichtgläubiger Naivling zu sein, dann mit Sicherheit er. Ich bin ihm sehr dankbar, dass er mir diese Zeilen über sich zur Verfügung gestellt hat. Aber genug meiner Worte – hier kommen seine:

> „Hallo, mein Name ist James Mitchell Tour. Ich habe auf dem Gebiet der organischen Chemie promoviert und bin heute T. T. und W. F. Chao Professor für Chemie, Professor für Informatik und Professor für Materialwissenschaft und NanoEngineering an einer der führenden US-Forschungsuniversitäten – der Rice University in Houston, Texas. Ich schloss mich zur Zeit meines Studiums der Gruppe eines Mannes an, der den Nobelpreis für Chemie erhalten sollte, und wurde später selbst zu einem der 50 einflussreichsten Wissenschaftler der Welt gewählt. Zuletzt wurde ich 2021 ich mit dem Oesper Award der *American Chemical Society* ausgezeichnet, der an ‚herausragende Chemiker für ihre lebenslangen bedeutenden Leistungen auf dem Gebiet der Chemie mit nachhaltigem Einfluss auf die chemischen Wissenschaften‘ verliehen wird.

Ich war Gastwissenschaftler an der Harvard University, habe bislang über 800 Forschungspublikationen veröffentlicht und wurde vom angesehenen *R&D Magazine* zum Wissenschaftler des Jahres gewählt. Ich bin seit 2024 Mitglied der *National Academy of Engineering*, eine der höchsten professionellen Auszeichnungen, die einem Ingenieur zuteilwerden kann. Zudem bin ich Mitglied der *National Academy of Inventors*, der *American Association for the Advancement of Science* und der *Royal Society of Chemistry*, habe über 230 Patente angemeldet und zehn Unternehmen gegründet. Unser Tätigkeitsfeld erstreckt sich über eine breite Palette von Fachgebieten, angefangen bei der Elektronik und Nanotechnologie, über Energietechnologie, Medizin und Biotechnologie, bis hin zu Materialwissenschaften und Korrosionsschutz.

Aber mehr als all das bedeutet mir, dass ich Jude bin und glaube, dass Jesus der Messias ist.

Ich bin etwas außerhalb von New York City aufgewachsen. Ich dachte, jeder sei Jude. Ich wusste nicht einmal, dass es etwas anderes gibt. Ich hatte am Judentum aber kein besonderes Interesse, außer wenn alle meine Freunde eine Bar Mitzwa oder Bat Mitzwa hatten. Dann war ich natürlich jede Woche dabei. Für mich war das aber nie wirklich relevant und aufregend.

Als ich aufs College ging, lernte ich eine Reihe von Leuten kennen, die sagten, sie seien wiedergeborene Christen, was ein seltsamer Begriff für mich war. Ich fragte skeptisch: ‚Was ist wiedergeboren? Was meinst du damit?' Einer von ihnen sah mich an und sagte: ‚Darf ich dir das Evangelium erklären?' Und ich erinnere mich, dass wir dort saßen und er tatsächlich anfing, ein Bild zu zeichnen: Eine Klippe mit einem

Mann auf der einen Seite – und dann eine andere Klippe mit Gott auf der anderen Seite. Und eine große Kluft dazwischen, die er mit dem Wort ‚Sünde' beschriftete.

Ich sah ihn an und sagte: ‚Ich bin aber kein Sünder. Ich habe nie jemanden umgebracht, habe nie eine Bank ausgeraubt. Wie könnte ich ein Sünder sein?' Und er las mir einen Vers aus der Bibel vor: ‚Denn alle haben gesündigt, und in ihrem Leben kommt Gottes Herrlichkeit nicht mehr zum Ausdruck.' (Röm 3,23) Im modernen Judentum haben wir nie wirklich über Sünde gesprochen. Ich kann mich nicht erinnern, dass wir zu Hause jemals über so etwas gesprochen haben.

Mein Gesprächspartner blätterte weiter. Zu einer Stelle im fünften Kapitel des Matthäusevangeliums, wo Jesus sagt: ‚Ich aber sage euch: Jeder, der eine Frau mit begehrlichem Blick ansieht, hat damit in seinem Herzen schon Ehebruch mit ihr begangen.' Peng! Ich fühlte mich, als hätte man mir direkt auf die Brust geschlagen. Ich war neu auf dem College. Ich war mir sicher, dass niemand wusste, dass ich diese Zeitschriften in die Hände nehmen würde – dass ich süchtig nach Pornografie war. Und plötzlich rief mich etwas, das in der Bibel steht – jemand von vor 2.000 Jahren – auf den Plan und ich fühlte mich sofort überführt. Und jetzt wurde mir klar, dass ich ein Sünder war. Als ich in der Heiligen Schrift las, was Sünde ist, wusste ich, dass ich ein Sünder war. Wie kann ich zu Gott kommen? Wir Juden wissen das besser als alle anderen, ohne Blutvergießen gibt es keine Vergebung der Sünden.

Diese Beschreibung in Kapitel 53 des Jesaja-Buches, wie er meine Sünde auf sich nehmen wird, die Dinge, die ich getan habe. Und das war er. Das war der Mann, der das am Kreuz auf sich nahm. Der vollkommene Gott kommt und gibt sich für uns hin. Er ist derjenige, der sich für uns hingibt. Ich begann zu erkennen, wie jüdisch das Neue Testament ist. Das Neue Testament ist so jüdisch, es dreht sich alles um jüdische Menschen. Und dann, am 7. November 1977, war ich ganz allein in meinem Zimmer mit der Erkenntnis, dass Jeschua derjenige ist, der am Kreuz gestorben ist. Ich sagte: ‚Herr, ich bin ein Sünder. Bitte vergib mir und komm in mein Leben.'

Und dann war auf einmal jemand in meinem Zimmer. Ich öffnete meine Augen. Ich war auf den Knien und öffnete meine Augen. Wer ist in meinem Zimmer? Dieser Mann, Jesus Christus, stand in meinem Zimmer. Jesus, kein Geringerer als Gott selbst, war in meinem Zimmer – und ich hatte keine Angst. Ich fing einfach nur an zu weinen. Seine Gegenwart war so herrlich, dass ich gar nicht auf den Gedanken kam, aufstehen zu wollen. Denn da war schließlich er: Jesus.

Ich möchte Ihnen gerne ein Angebot machen. Überlegen Sie gerne, ob Sie es in Anspruch nehmen wollen: Wenn Sie nicht an die leibliche Auferstehung Jesu glauben und hören möchten, warum ich das so sehe, dann schicken Sie mir einfach eine E-Mail an *tour@drjamestour.org* und ich werde mich gerne digital (z. B. über Zoom) mit Ihnen treffen, um Ihnen meinen Standpunkt zu erklären.

Da mein Leben *extrem voll* und meine Zeit begrenzt ist, verzeihen Sie mir, wenn ich es so klar sage: Mein Angebot ist *nicht* für die gedacht, die bereits an die Auferstehung glauben. *Nicht* für die, die ein wenig glauben und eine größere Gewissheit haben wollen. *Nicht* für die, die glauben, aber verstehen wollen, wie ich es erkläre. *Nicht* für die, die etwas über

Nanotechnologie lernen wollen. Und auch *nicht* für die, die etwas über Apologetik lernen wollen. Es geht mir auch *nicht* darum, Ihre vielen anderen Fragen zu beantworten. Es geht mir ‚nur' darum zu erklären, warum ich die *Auferstehung Jesu* annehme. Ich danke Ihnen. Ihr Jim Tour."

KAPITEL 7:
Was wäre, wenn …

Mittlerweile dürfte es klar sein: Die Auferstehung Jesu spielt bei der Frage, ob es stimmt, was Christinnen und Christen glauben, nicht nur eine, sondern *die* entscheidende Rolle: Wenn sie tatsächlich stattgefunden hat, dann haben Leute wie James Tour Recht und es gibt wirklich Hoffnung, die allem – selbst dem Tod – ins Auge sieht. Zufriedenheit, die nicht an Umstände gebunden ist. Und dann gibt es auch Sinn im Leben, den auch Leid einem nicht nehmen kann.[153]

Ich gestehe aber in aller Ruhe, dass es Bessere und Talentiertere dafür gibt, solch wichtige Punkte nicht nur dem Verstand, sondern uns als Person vorzustellen. Ich drifte hier unerfreulicherweise viel häufiger, als mir lieb ist, ins Theoretische ab. Ich machte mich deshalb auf die Suche nach Worten, die das nicht tun. Und nach einiger Suche wurde ich fündig – Worte, die wunderbar ans Ende meiner Ausführungen zur Auferstehung passen.

Es handelt sich dabei um die Gedanken des Pfarrers Ulrich Parzany, eines evangelischen Theologen, der lange Zeit Generalsekretär des CVJM Deutschland war. In seiner Rede

153 Siehe dazu auch Tim Kellers wunderbares Buch *Glauben wozu? Religion im Zeitalter der Skepsis*.

berichtet er auf eindrückliche Art und Weise davon, wie einschneidend das Ereignis der Auferstehung ist.[154]

Wie man den Tod entmachtet

Es ist kein Geheimnis, dass die Frage, was nach dem Tod kommt, von verschiedenen Menschen verschieden beantwortet wird. Aber was machen wir jetzt daraus? Wollen wir jetzt anfangen zu streiten, wer die schönsten Ansichten und Wünsche hat? Ich kann natürlich verstehen, dass jeder denkt, *seine* Wunschvorstellungen würden der Wirklichkeit entsprechen. Aber ehrlich gesagt: Machen wir uns nichts vor. Es sind unsere *Wünsche*, die wir entwickeln, um uns zu trösten.

Sie passen hervorragend zu unserem Nervenkostüm und vielleicht zu unserer Erziehung, zum sozialen oder kulturellen Kontext, in dem wir aufgewachsen sind. Aber Wünsche sagen *nichts* über die Wirklichkeit aus. Das gilt für alle diese Wünsche, wie das mit dem Weiterleben nach dem Tod ist – aber auch für den Wunsch, dass mein Leben wie eine Kerze ausgelöscht wird und ich mich dann total los bin.

Und das ist die Schwierigkeit meiner Worte an Sie: Wenn das alles wäre, wenn es zur Ausgangsfrage nur Wün-

---

154 Mit großer Dankbarkeit gebe ich hier den Vortrag von Ulrich Parzany wieder, der mir freundlicherweise die Erlaubnis zum Teilen seiner Worte gegeben hat. Die Anpassungen gegenüber dem Original dienen der besseren Lesbarkeit. Einige Teile wurden zugunsten der in Kapitel 6 ausführlicher behandelten Inhalte weggelassen. Das Original ist hier zu finden: https://t1p.de/90a1d.

sche gäbe, dann würde ich mich nicht trauen, Ihnen meine Gedanken darüber zu erzählen. Noch schlimmer wäre es, wenn ich Ihnen *meine* Wünsche als die allerbesten anpreisen würde. Dann dürften Sie zu Recht empört sein. Wenn es so wäre, dann kann man sich nur wechselseitig respektieren und sagen: „Leben Sie wohl mit Ihrer Sicht." Am Ende muss schließlich jeder mit seinen Vorstellungen über die Runden kommen. Das verbindet uns dann wieder.

Mir ist klar: Meine Wünsche sind für Sie in keinerlei Weise maßgebend oder gar vorbildlich – und mit Verlaub gesagt: Ihre Wünsche betrachte ich natürlich mit Respekt, aber auch nur mit begrenzter Realitätsgeltung. Warum erlaube ich mir also, Ihnen etwas zur Frage zu sagen, was nach dem Tod kommt? Ich will meine Karten offenlegen: Ich habe nur einen einzigen Grund, warum ich mich traue, zu diesem Thema überhaupt etwas zu erzählen – und der lautet: Jesus von Nazareth ist von Gott auferweckt worden.

Nicht in dem Sinne, wie wir das manchmal von klinisch Toten hören. Die wiederbelebt werden und dann auf ein paar Monate oder Jahre Urlaub vom Tod haben, um dann wieder endgültig zu sterben. Sondern die biblische Botschaft sagt, dass dieser gekreuzigte Jesus von Gott wirklich auferweckt wurde und dass damit der endgültige und einzigartige Durchbruch durch die Todesgrenze passiert ist. Und deshalb redet dieser Jesus beim Thema „Tod und was danach kommt" nicht von seinen Wünschen, sondern aufgrund seiner *Kompetenz*. Er weiß, wovon er redet.

Und auch das ist kein Geheimnis: Der ganze christliche Glaube steht und fällt mit der Auferstehung Jesu. Wenn sie nicht wirklich war, dann – und ich sage das in aller

Schärfe – ist der ganze christliche Glaube ein Selbstbetrug. Das Problem ist, dass das manche Leute gar nicht interessiert. Opium-Religionen sind immer beliebt, soll heißen: Wir suchen immer Mittelchen, mit denen wir uns trösten. Und was tröstet, hilft. Und was hilft, kann ja nicht schlecht sein. Aber ob es auch wahr ist, danach fragen viele gar nicht mehr.

Wenn das mit der Auferweckung Jesu aber *stimmt*, dann haben wir alle die Einladung, sagen zu dürfen: „Jesus, ich bezeuge dich in meinem Leben. Und zwar so, dass meine Zweifel und meine Fragen beantwortet werden." Anders gesagt: Wenn Sie Gewissheit haben wollen, ob dieser Jesus wirklich die Schlüsselperson ist, dann können Sie nicht auf Distanz bleiben. Wenn Sie es herausfinden wollen, dann geht es so, wie er es sagt: „Wer meine Worte *hört* und sie *tut*." Später mehr dazu.

Das ist meine Antwort auf die Frage, warum ich denke, dass der Tod nicht das endgültige Urteil darstellt. Weil ich denjenigen kenne, der sowohl die Autorität als auch die Kompetenz hat, sich zu diesem Thema zu äußern.

Lassen Sie uns also auf Jesus schauen. Was sagt er hierzu? Jede Menge, aber der gebotenen Kürze halber will ich Ihnen nur zwei Dinge vorstellen. Das Erste ist eine Botschaft an Sie und mich – sie lautet: „Dein Leben ist kostbar und wichtig. Du bist geschaffen, begabt, gewollt. Du hast eine bestimmte Zeit in dieser Welt und die ist voller Verantwortung, Würde und Schönheit." Damit streicht Jesus die Illusion durch, dass der Friedhof die Endstation ist.

Jesus sagt, dass dem nicht so ist. Mit dem Sterben wird unser Leben unwiderruflich. Nichts von dem, was wir im

Leben erreicht haben, bleibt. Aber unser Tod ist nicht das Ende, sondern trägt uns vor Gott, den Schöpfer und Richter. Und der ist nicht auf Distanz zu uns, sondern redet mit uns und bietet uns das „Du“ an. Das ist unsere Menschenwürde. Gott hat uns im Unterschied zu allen Geschöpfen der Welt gewürdigt, mit ihm zu sprechen.

Mit Gott reden zu dürfen, ist das Alleinstellungsmerkmal des Menschen – seine ewige Würde. Wir dürfen horchen und antworten. Und aus *Wort* und *Antwort* wird ein Leben mit *Verantwortung*. Gott kämpft um unsere Würde, die er uns geschenkt hat und die wir so oft leichtfertig wegschmeißen. Wir wollen ja oft gar keine Verantwortung haben. „Wir waren es nicht“, sagen wir gerne. „Meine Eltern sind schuld, die Umstände oder die Gesellschaft.“ Es sind immer die anderen.

Der große Politikwissenschaftler Iring Fetscher von der Frankfurter Universität hat einmal einen Aufsatz über die Gesellschaft der Schuldlosen geschrieben: „Keiner ist es gewesen“, schreibt er darin über die deutsche Gesellschaft. Keiner ist es gewesen. Wir finden immer Gründe, warum das Böse, das, was wir tun, nicht unsere Schuld ist. Und dann schreibt dieser Mann, von dem ich gar nicht weiß, ob er sich als Christ versteht, dass die Botschaft vom Jüngsten Gericht Gottes die letzte Garantie der Menschenwürde ist.

Warum? Weil Gott an unserer Menschenwürde festhält, indem er uns zur Verantwortung ruft. Unsere Handlungen und Entscheidungen sind von Bedeutung. Wir sind nicht nur Zuschauer, sondern aktive Teilnehmer mit einer moralischen Verpflichtung. Genau das greift Jesus auf, wenn er in seinen Seligpreisungen sagt: „Glücklich zu preisen sind die, die nach der Gerechtigkeit hungern und dürsten; denn sie werden satt werden." All unser Tun wird zur Sprache kommen.

Deshalb verstehe ich überhaupt nicht, dass es auch im gläubigen Betrieb Mode geworden ist, zu sagen: „Der liebe Gott, der tut nix. Der nimmt uns und unser Tun schon nicht so ernst. Also Schwamm drüber, wird alles irgendwie." Täuschen Sie sich bitte nicht: Gott ist ein heiliger Gott, der bis zum Letzten um unsere Menschenwürde kämpfen wird – jeder von uns wird also vor ihm stehen und mit ihm über seine Verantwortung reden. Ob Sie das glauben oder nicht, spielt bei allem Respekt keine Rolle. Erleben wird es jeder von uns.

Manche fragen nun zu Recht, wie man sich das vorstellen soll. Lassen Sie uns dazu gerne im Matthäusevangelium lesen – also rein ins Original. Ich halte es nämlich für nicht angemessen, dass ich einfach mit meinen Worten umschreibe, was Jesus hier sagt. Lassen Sie uns daher einmal folgende Passage lesen, in der Jesus von sich wie so oft als „dem Menschensohn" redet, ein für jüdische Ohren im höchsten Maße hoheitlicher Titel:

> „Wenn der Menschensohn in seiner Herrlichkeit kommen wird und mit ihm alle Engel, dann wird er in königlichem Glanz auf seinem Thron Platz nehmen. Alle Völker werden vor ihm versammelt werden, und er wird die Menschen in zwei Gruppen teilen, so wie der Hirte die Schafe und die Ziegen voneinander trennt. Die Schafe wird er rechts von sich aufstellen und die Ziegen links. Dann wird der König zu denen auf der rechten Seite sagen: ‚Kommt her, ihr seid

von meinem Vater gesegnet! Nehmt das Reich in Besitz, das seit der Erschaffung der Welt für euch vorbereitet ist. Denn ich war hungrig, und ihr habt mir zu essen gegeben; ich war durstig, und ihr habt mir zu trinken gegeben; ich war ein Fremder, und ihr habt mich aufgenommen; ich hatte nichts anzuziehen, und ihr habt mir Kleidung gegeben; ich war krank, und ihr habt euch um mich gekümmert; ich war im Gefängnis, und ihr habt mich besucht.‘

Dann werden ihn die Gerechten fragen: ‚Herr, wann haben wir dich denn hungrig gesehen und dir zu essen gegeben, oder durstig und dir zu trinken gegeben? Wann haben wir dich als Fremden bei uns gesehen und haben dich aufgenommen? Oder wann haben wir dich gesehen, als du nichts anzuziehen hattest, und haben dir Kleidung gegeben? Wann haben wir dich krank gesehen oder im Gefängnis und haben dich besucht?‘ Darauf wird der König ihnen antworten: ‚Ich sage euch: Was immer ihr für einen meiner Brüder getan habt – und wäre er noch so gering geachtet gewesen –, das habt ihr für mich getan.‘

Dann wird er zu denen auf der linken Seite sagen: ‚Geht weg von mir, ihr seid verflucht! Geht in das ewige Feuer, das für den Teufel und seine Engel vorbereitet ist! Denn ich war hungrig, und ihr habt mir nicht zu essen gegeben; ich war durstig, und ihr habt mir nicht zu trinken gegeben; ich war ein Fremder, und ihr habt mich nicht aufgenommen; ich hatte nichts anzuziehen, und ihr habt mir keine Kleidung gegeben; ich war krank und war im Gefängnis, und ihr habt euch nicht um mich gekümmert.‘

Dann werden auch sie fragen: ‚Herr, wann haben wir dich denn hungrig oder durstig gesehen oder als Fremden oder

> ohne Kleidung oder krank oder im Gefängnis und haben dir nicht geholfen?' Darauf wird er ihnen antworten: ‚Ich sage euch: Was immer ihr an einem meiner Brüder zu tun versäumt habt – und wäre er noch so gering geachtet gewesen –, das habt ihr mir gegenüber versäumt.' So werden sie an den Ort der ewigen Strafe gehen, die Gerechten aber werden ins ewige Leben eingehen." (Mt 25,31 ff.)

Jesus sagt hier zweierlei: Zum einen, dass es einen doppelten Ausgang der Weltgeschichte geben wird. Es gibt ein Gericht, eine endgültige Scheidung, eine ewige Trennung von Gott – und ein ewiges Mit-Gott-Sein in Herrlichkeit. Zum anderen sagt Jesus, was die Maßstäbe in seinem Gericht sind. Er wird sich gar nicht die Mühe machen, das Böse, das wir tun, aufzuzählen. Er legt den Finger auf die schuldig gebliebene Liebe. Das ist der Maßstab, an dem Gott uns misst.

Wer kann da bestehen? Sind Sie noch nie an jemandem in der Fußgängerzone vorbeigegangen, der dort saß und den Becher hinhielt? Haben Sie Kranke besucht oder Gefangene im Gefängnis? Haben Sie Hungrige gespeist? Wir hier sind reich – wir sind eines der reichsten Länder der Welt. Aber es wird gehungert und gestorben. Sogar in unserem Land gehen Menschen in den Städten an den Abfalleimer und suchen, ob sie etwas finden, das sie noch verkaufen oder essen können. Viele Kinder leben in bitterer Armut. Aber wir gehen vorbei.

Jesus sagt in aller Klarheit, dass das alles noch einmal zur Sprache kommt. Und dass das der Maßstab ist, an dem wir gemessen werden. Deshalb ist die Frage ja berechtigt: Wer kann da vor Gott bestehen? Man fragt sich da aber auch: Wer sind denn eigentlich die Gerechten, zu denen er sagt: „Ihr habt das alles getan." Gibt es solche Leute überhaupt? Wer kann das schaffen? Jeder bleibt doch irgendwie Liebe schuldig. Ich will es Ihnen mit dem anderen erklären, was Jesus noch sagt.

Im Johannesevangelium lesen wir, dass Jesus sagt: „Amen, amen." Das ist kein Schlusswort gleich zu Beginn seines Redens. Er sagt es ganz bewusst zu Beginn – und das gleich zweimal. Warum? Weil es als Ausrufezeichen verstanden werden soll: „Achtung! Jetzt kommt ein Wort mit höchster Autorität. Das ist im Namen Gottes direkt gesprochenes, gültiges Wort." Jesus sagt also: „Amen, amen. Ich versichere euch: Wer auf mein Wort hört und dem vertraut, der mich gesandt hat, der hat das ewige Leben. Auf ihn kommt keine Verurteilung mehr zu; er hat den Schritt vom Tod ins Leben getan."

Was heißt das? Er sagt nicht, dass hier jemand irgendwann einmal das ewige Leben bekommen wird – sondern: Er *hat* das ewige Leben. Ewiges Leben ist in der Bibel eben nicht das, was sich viele landläufig darunter vorstellen: Ewiges Leben ist das Leben, so die Fehlvorstellung, das nach dem Tod beginnt und dann zeitlich immer weiter geht. Aber das ist biblisch gesehen gar nicht gemeint: Hier ist ewiges Leben vielmehr ein *Qualitätsbegriff* – es geht um die Qualität des Seins, die sich durch die vertrauensvolle Gemeinschaft mit dem ewigen Gott auszeichnet. Und in dieser Gemeinschaft kommt die Kraft Gottes zum Tragen, die so bunt, so vielfältig, so reich und so stark ist, dass sie selbst den Tod bezwingt.

Und diese Kraft Gottes zeigt sich vor allem im Leben und Sterben des Jesus von Nazareth. Das ist Qualitätsarbeit der Liebe Gottes. So stark ist Gott und in der Auferweckung hat er diese Liebe bestätigt, indem er Jesus aus dem Tode ruft und sagt: „Der Tod hat nicht das letzte Wort! Das ist nicht das Ende. Der Tod ist besiegt." In und mit dieser Kraft Gottes lebe ich, das ist ewiges Leben.

Und jetzt sagt Jesus: Wer meine Worte hört und dem vertraut, der mich gesandt hat – wer sich also ganz praktisch darauf einlässt und seine Worte in seinem Leben anwendet – der *hat* das ewige Leben. Was sagt er denn genau? Nun, lesen Sie es gerne zu Beginn des Markusevangeliums nach: „Die Zeit ist gekommen, das Reich Gottes ist nahe. Kehrt um und glaubt diese gute Botschaft." Das ist die ganze Verkündigung von Jesus in einem Satz zusammengefasst. Das ist das Evangelium.

Das Evangelium ist also nicht eine Information über Jesus – und auch nicht irgendeine gute Nachricht. Sondern das Gute des Evangeliums ist, dass es ein Wort der Rettung ist, das nur Jesus sprechen kann: „Wenn du es willst, sind dir deine Sünden vergeben. Alles das, was dich von Gott trennt, das nehme ich auf mich. Und dann ist es weg. Dann bist du frei von dem, was du alles an Mist gebaut hast, auch von der schuldig gebliebenen Liebe."

Glauben Sie mir, als Pfarrer weiß ich eine Menge davon. Von Besuchen, die man nicht gemacht hat. Von Liebe, die man schuldig geblieben ist und es nicht wieder gutmachen kann. Das quält einen ein Leben lang. Aber Jesus sagt: „Das alles ziehe ich mir an. Das alles begrabe ich und ich vergebe dir." Diese Autorität und Kompetenz hat nur er.

Und verstehen Sie es nicht falsch: Das ist kein psychologischer Trick, bei dem ich mir etwas von der Seele rede. Nein, hier handelt der Schöpfer mit seiner Kraft in dem gekreuzigten und auferstandenen Jesus. Deshalb ist das Wort *Evangelium* auch eng mit dem Wort der *Rettung* verknüpft: Lassen Sie sich bitte retten! Wenn Sie es wünschen, sind Ihnen Ihre Sünden vergeben. Deshalb sagt Jesus auch: Wer meine Worte hört, dass ihm seine Sünden vergeben sind, und wer dem vertraut, der mich gesandt hat, der hat das ewige Leben.

Jesus möchte, dass Ihr Leben gelingt. Und er möchte es mit Ihnen gestalten. „Himmel und Erde werden vergehen", hat Jesus gesagt. „Aber meine Worte werden nicht vergehen." *Das* ist der rote Lebensfaden: dass ich das Wort dessen schon heute höre, der der Schöpfer und Erhalter der Welt ist. Der vom Tod auferstanden ist, dem Tod das Genick gebrochen hat, der wiederkommen und das letzte Wort der Weltgeschichte sprechen wird. Deshalb rate ich Ihnen, die Bibel zu lesen. Damit nicht die 1.000 Stimmen, die Sie beeinflussen wollen, zu Ihnen sprechen, sondern die Stimme des Einen, der als Erster in der Geschichte der Welt gesprochen hat, und der auch das letzte Wort am Ende der Zeiten sprechen wird.

Deshalb lese ich die Bibel. Das Leben ist viel zu anstrengend, als dass ich das durch eigene Kräfte bewältigen könnte. Ich brauche Jesus und seine Dynamik. Das gilt für mich jetzt im Alter, aber auch als junger Kerl brauchte ich das. Und ich rufe jeden zur größten Vorsicht auf, der von sich meint, dass er Gott für nichts braucht. Wir brauchen die Kraft des Auferstandenen.

Wieso das? Allein schon wegen des Tausches, den uns nur Jesus anbieten kann. Denn wenn Sie sagen: „Ich gebe es zu: Ich bin schuldig. Für alle meine Gottlosigkeit. Für alle meine arrogante Selbstgerechtigkeit. Meine bigotte Verlogenheit. Meine Habgier. Meinen Neid. Meinen Ehebruch. Meine Lügen. Für all das, was schiefgegangen ist in meinem Leben." Und Jesus antwortet Ihnen: „Ja, du bist schuldig. Aber für dich vollzieht sich das Gericht Gottes schon jetzt – und ich tausche mit dir. *Ich* nehme das Todesurteil an deiner Stelle an und schenke dir damit die Freiheit."

Martin Luther hat einmal gesagt: Wer Jesus Christus vertraut, der wird mit Christus *ein* Kuchen. Das ein starkes Bild. Denn wenn Sie alle Zutaten zu einem Teig zusammenrühren, diesen zum Backen in einen Ofen geben und den Kuchen dann am Ende vor sich stehen haben, dann können Sie nicht mehr sagen: „Gib mir mal ein Ei davon oder den Löffel Zucker." Nein, Sie können dann nur noch den Kuchen haben.

Und so sagt Luther: Der Glaube an Jesus heißt, dass alles, was mein Leben zu bieten hat – meine Sehnsüchte, meine Kräfte, meine Begabung, mein Mist, den ich gebaut haben, meine Lüge, meine Schwäche, meine Sterblichkeit, meine Angst – alles kommt bei Jesus rein. Und auch *er* tut alles rein: seine Liebe, seine Heiligkeit, seine Gerechtigkeit, seine Barmherzigkeit. Er tut alles rein und dann sind wir eins. Genauso lebe ich. *Das* ist ewiges Leben: „Wer auf mein Wort hört und dem vertraut, der mich gesandt hat, der hat das ewige Leben. Auf ihn kommt keine Verurteilung mehr zu; er hat den Schritt vom Tod ins Leben getan." *Das* sagt Jesus.

Sie werden gespürt haben, dass die Auferweckung Jesu eine Kraft und Zuversicht zum Leben gibt. Was ist denn jetzt, wenn ich sterbe? Was kommt dann? Nun, das Erste, was wir hierzu in der Bibel lesen, ist, dass Gott alle Tränen abwischen wird. Das kann ich mir gut vorstellen. Geweint wird jetzt schon viel. Und wir werden auch weiterhin viel weinen – aus Schmerzen der Liebe, des Verletzens und Verletztwerdens.

Und als Zweites lesen wir: Die neue Welt Gottes wird eine Welt sein, in der die Gerechtigkeit *wohnt.* Also nicht nur gelegentlich zu Besuch vorbeischaut. Wir sind ja schon heilfroh, wenn kleine Ansätze von Gerechtigkeit in unserer Welt passieren. Und die gibt es ja, wir bemühen uns und kämpfen darum. Aber dann wird es eine Wirklichkeit sein, in der die Gerechtigkeit *zu Hause* ist. Da kann man aufatmen. Krankheit, Leid und Schmerzensschreie werden dort nicht mehr sein.

Aber vieles, was dann kommt, das kann ich mir nicht vorstellen. Unsere ganze Vorstellung ist gebunden in diese Welt der Tische und Bänke, von Raum und Zeit, des Werdens und Vergehens. Alles, was wir uns vorstellen können, ist vergänglich und sterblich. Wir sind wie in einer Todeszelle eingesperrt und können uns darüber hinaus nicht viel vorstellen. Deshalb spekuliert die Bibel auch nicht und fantasiert auch nicht rum. Sie gibt nur ein paar Dinge, wo man anhalten könnte.

Für mich der wichtigste Punkt: Ich werde Jesus sehen – den ich als Freund und Retter meines Lebens erfahre. Der sich mir zuwendet in seiner Liebe. Der mir meine Sünden vergibt. Der mich an der Hand nimmt und mich führt, auch durch die dunklen Schluchten. Den werde ich sehen. Jeden Tag bete ich einen Satz aus dem Psalm 143: „Lass mich den Weg wissen, den ich gehen soll – meine Seele sehnt sich nach dir." Das ist mein Lebensgebet. Ich habe ein Verlangen danach, dem, den ich kenne, dem ich 55 Jahre Tag für Tag gefolgt bin. Durch Hoch und Tief, durch Tränen, Scheitern und Freude. Ich sehne mich danach, ihn zu sehen.

Auf dem Grabstein des großen dänischen Philosophen Sören Kierkegaard steht ein wunderbarer Satz – es ist ein Liedvers, den ein dänischer Bischof einst gedichtet hat: „Noch eine kurze Zeit, dann ist's gewonnen, dann ist der ganze Streit in nichts zerronnen. Dann darf ich laben mich an Lebensbächen und ewig, ewiglich mit Jesus sprechen." Kierkegaard, der Europa mit seinem kritischen Denken beeinflusst hat wie wenige andere – sein letztes Lebensziel war genau diese Hoffnung und Sehnsucht: „ewig, ewiglich mit Jesus sprechen". *Das* ist ewiges Leben.

Ich gebe es aber offen zu: Meine Worte versagen, je mehr ich anfange, von Jesus zu schwärmen. Aber je mehr ich mit ihm lebe und ihn kennenlerne, desto mehr Heimweh bekomme ich. Nicht, weil ich das Leben nicht mag. Ich lebe sehr gerne. Ich genieße das Leben. Ich bin so froh, dass Gott mir noch Kräfte gibt, aktiv zu sein. Ich nutze die Tage, aber ich kann auch Muße genießen. Ich finde mein Leben unglaublich schön, weil es ein ewiges Leben ist. Es hat die schöpferische Kraft durch den Gott, mit dem ich durch Jesus verbunden bin. Und je länger ich lebe, desto größer wird meine Sehnsucht. Das Beste kommt noch.

Ich möchte meine Gedanken mit einer Erinnerung an eine Person abschließen, die mir sehr am Herzen lag und einen großen Einfluss auf mein Leben hinterlassen hat: Wilhelm Busch, ein Jugendpfarrer aus Essen. Sein Andenken und die Worte seiner Todesanzeige berühren mich bis heute. Der Satz, der dort stand, lautete: „In Jesus habe ich hier das beste Leben; und sterbe ich, wird er mir ein bessres geben." *Das* ist es! Darum bin ich von Herzen gerne Christ. Und darum lade ich auch Sie zu diesem Jesus ein. Ich habe nur diese eine Bitte: Verbinden Sie Ihr Leben mit diesem Jesus, der für Sie gestorben und auferstanden ist. In seinem Namen rufe ich Sie. Er sagt: „Komm, folge mir nach."

KAPITEL 8:
Gott und Leid (Teil 2)

In Kapitel 4 bin ich die Leidfrage theoretisch angegangen. In diesem Abschnitt will ich das meiden. Denn wie gesagt fordert die Leidfrage in erster Linie nicht unseren Verstand, sondern *unsere Existenz* heraus – und das auf allerhöchstem Niveau. Ich sage es daher ganz offen: Ich bin mir nicht sicher, ob ich Ihnen diesen Teil der Warum-Frage befriedigend beantworten kann. Mein Versuch ist ein Verstehen davon, was ich aus vielen Gesprächen, Lesestunden und Vorträgen mitgenommen habe. Was mir an Gedanken gelungen ist, werden letztendlich *Sie* beurteilen müssen.

Aber bevor ich beginne, noch ein kurzer Hinweis. Mein Versuch ist natürlich der Versuch eines Christen. Sprich von jemandem, der den Auferstandenen im eigenen Leben erfahren hat und nur *deshalb* die biblischen Texte ernst nimmt. Also möglicherweise ganz im Gegensatz zu Ihnen. Aber es sollte auf der Hand liegen, dass ich als Christ Hand in Hand mit den biblischen Texten gehe und mich in meinen Äußerungen auf sie beziehe. Ich sprach einmal mit einem jungen Mann, dem das alles andere als recht war. Er sagte sinngemäß: „Natürlich erwarte ich von Ihnen als Christ eine Antwort auf die Leidfrage. Aber darin sollte nichts vorkommen, womit ich als Atheist nichts anfangen kann." Sein Wunsch war von vornherein zum Scheitern verurteilt. Ich hoffe, Ihre Erwartungen sind etwas realistischer.

Wer macht die Politik?

Meine erste Teilantwort lautet: Die Welt, in der wir leben und die wir erleben, ist nicht die Welt von 1. Mose 1. Es ist nicht die Welt, die Gott geschaffen hat und zu der er sagte: „Es ist sehr gut." Sondern es ist die Welt, die seit 1. Mose 3 gekennzeichnet ist von dem großen Riss zwischen Mensch und Gott. Eine Welt, in der wir Menschen sagen: „Wir kündigen als Geschäftsführer unseres Lebens und der Welt. Wir wollen selbst die Eigentümer sein. Und um den Laden zu schmeißen, brauchen wir den alten nicht mehr. *Wir* machen ab jetzt die Politik. Und wenn Gott das anders sieht, dann wird er eben gekündigt."

Es ist einer der ersten Auskünfte in der Bibel, dass Gott auf das Verhalten des Menschen reagiert. Nicht beleidigt, gekränkt oder jähzornig – sondern in Form eines gerechten Urteils. In den Worten von James I. Packer:

> „Gott gibt den Menschen das, wofür sie sich entschieden haben, mit allen Konsequenzen – nicht mehr und nicht weniger. Gottes Bereitschaft, die menschliche Entscheidung in diesem Umfang zu respektieren, mag befremdlich, ja sogar entsetzlich erscheinen, aber es ist offenkundig, dass sein Verhalten hier vollkommen gerecht ist – und sich grundsätzlich

> von der willkürlichen und skrupellosen Quälerei unterscheidet, die wir unter Grausamkeit verstehen."[155]

Packer beschreibt die biblische Diagnose ganz richtig: Die Vergänglichkeit, in der wir leben, und die Folgen, die wir daraus erleben, sind – so ungewohnt es auch klingen mag – ein Gericht Gottes über das Wegstoßen Gottes. Vor diesem Hintergrund überraschen die harten Sätze im Buch Jeremia kaum: „Deine Bosheit ist schuld, dass du so geschlagen wirst, und dein Ungehorsam, dass du so gestraft wirst. Und du musst innewerden und erfahren, was es für Jammer und Herzeleid bringt, den HERRN, deinen Gott, zu verlassen und mich nicht zu fürchten, spricht Gott." (Jer 2,19)

Mir ist klar: Die biblische Botschaft, dass *Gott* die Menschen ins Leid hingegeben hat, passt nicht zum Bild des lieben Gottes, das sich tief in uns eingebürgert hat. Der Theologe Friedrich Krummacher bringt das damit verbundene Problem anschaulich auf den Punkt:

> „Menschen, die mit Gott nicht viel anfangen können, sich aber trotzdem Gedanken über ihn machen, sind häufig wie jemand, der die Karte von einem Land zeichnet, ohne jemals in diesem Land gewesen zu sein. Und wenn er die Karte gezeichnet hat, in das Land kommt und das Land mit seiner Karte abgleicht, dann sagt er: *Das Land* stimmt nicht."

Das trifft den Nagel auf den Kopf.

---

155 J. I. Packer (2019): *Gott erkennen*. S. 184.

Wir müssen tun, was wir wollen

Meine zweite Teilantwort ist mit der ersten verbunden: Indem Gott den Menschen das gibt, wofür sie sich entschieden haben, *müssen wir von da ab das tun, was wir tun wollen.* Gott lässt uns laufen und gewähren. Er zieht die Hand ab und schweigt. Auf der kleinen Bühne sehen wir deshalb Streit, Betrug, Diebstahl und Gewalt. Vertrauen und Ehen werden gebrochen. Auf der großen Bühne hören wir von Konflikten, Krisen und Kriegen und 800 Millionen Menschen, die an chronischem Hunger leiden. Und das, obwohl wir auf dem Planeten mehr als genug Nahrung haben, um jeden Menschen zu ernähren.[156] Die alte Weisheit, dass der Mensch der gefährlichste Feind des Menschen ist, gilt leider nach wie vor. C. S. Lewis schreibt:

> „Und so erklären sich vielleicht vier Fünftel menschlichen Leides. Nicht Gott, sondern die Menschen haben Folter, Peitsche, Gefängnis, Sklaverei, Kanonen, Bajonette und Bomben erfunden. Armut und Überarbeitung sind nicht durch die Kargheit der Natur bedingt, sondern durch menschliche Habgier und menschliche Dummheit."[157]

Ich kann Lewis nur zustimmen. Im Grunde darf die Frage nicht lauten: „Wie kann Gott das zulassen?", sondern „Wie kann *der Mensch* das zulassen?" Wo war der Mensch in

---

156 R. Thurow (2010): *Enough. Why the World's Poorest Starve in an Age of Plenty*; F. Lappé, J. Collins (2015): *World Hunger: 10 Myths.*
157 C. S. Lewis (2007): *Über den Schmerz.* S. 89.

Ausschwitz? Wie kann er das zulassen? *Er* macht doch die Politik. Der Prediger Wilhelm Busch berichtet aus dieser Zeit. Er schreibt:

> „Am Anfang des Dritten Reiches – wir hatten bereits die halbe Welt erobert – waren alle Zeitungen voll von ‚… deutsche Tüchtigkeit, deutsche Kraft, deutsche Soldaten, deutsche Wertarbeit!' Als dann später alles schiefging, die Städte in Trümmer sanken und unsere Jungens zu Hunderttausenden starben, da kamen die Leute zu mir gerannt: ‚Wie kann Gott das zulassen?' Und ich hörte in meinen Ohren noch immer: ‚deutsche Kraft, deutsche Stärke …!' Das hieß doch: Wenn's gutging, dann waren wir es. Wenn es schiefging, dann war es der liebe Gott."

Ja – solange die Sachen so laufen, wie wir sie uns vorstellen, sind wir selbst dafür verantwortlich. Aber wenn schlechte Tage anbrechen, dann fragen wir, warum Gott das hat zulassen können. Und noch bedenklicher wird es, wenn Leute nicht mehr in der Lage sind, ihre eigene Schuld einzugestehen und dann auch noch die Märchenfigur vom „lieben Gott" herausholen.

Erste Überraschung: Leid wird nicht erklärt

Ich möchte Ihnen nun zwei möglicherweise überraschende Reaktionen von Jesus auf die Warum-Frage vorstellen. Sie war natürlich auch zu seiner Zeit eine der ganz großen. Die erste Reaktion lesen wir im Lukasevangelium, Kapitel 13: Da wird berichtet, wie Menschen zu Jesus kommen und ihm von Galiläern erzählen, die von Pilatus, dem römischen Statthalter, rücksichtslos während eines Gottesdienstes im Jerusalemer Tempel ermordet wurden. Alle sind in heller Aufregung! Wie kann Gott so ein brutales Unrecht zulassen? Und das auch noch an dem Ort, wo er versprochen hat, gegenwärtig zu sein. Das soll Jesus erklären. Und seine Antwortet lautet:

> „Meint ihr, diese Galiläer seien größere Sünder gewesen als alle übrigen Galiläer, weil so etwas Schreckliches mit ihnen geschehen ist? Nein, ich sage euch: Wenn ihr nicht umkehrt, werdet ihr alle genauso umkommen."

Jesus denkt überhaupt nicht daran, irgendwie zu erklären, wie das mit der Güte und der Liebe Gottes zusammenhängt. Er gibt den Leuten vielmehr zu verstehen: „Das ist Gericht Gottes. Im Einzelnen kannst du das nicht aufrechnen. Die Galiläer, die dort erschlagen worden sind, haben nicht mehr gesündigt als die anderen Galiläer. Wenn ihr zu Gott nicht umkehrt, werdet ihr genauso sterben." Und dann legt Jesus noch eine Schippe drauf und sagt:

> „Oder denkt an jene achtzehn Menschen, die beim Einsturz des Turms von Schiloach den Tod fanden. Meint ihr, ihre Schuld sei größer gewesen als die aller anderen Einwohner Jerusalems? Nein, ich sage ich: Wenn ihr nicht umkehrt, werdet ihr alle ebenso umkommen."

Wieder: Jesus denkt nicht daran, das Unrecht zu erklären oder verständlich zu machen. Er greift das schreckliche Geschehen auf und sagt: „Wenn ihr nicht umkehrt, werdet ihr genauso umkommen." Es würde zu weit führen, aus diesem Einzelgeschehen gleich eine gesamtgültige Theologie stricken zu wollen. Aber was wir aus der Antwort von Jesus ableiten können, ist: Leiden trifft unsere Existenz wie sonst nichts im Leben – deshalb benutzt es Gott *manchmal* als Instrument, um Menschen zur Umkehr zu rufen. *Manchmal. Nicht* immer!

Besonders einfühlsam ist das alles trotzdem nicht, was Jesus da sagt. Dieser Gedanke provoziert natürlich, weil er hier ganz sensiblen Boden betritt. Er sagt schließlich nichts weniger als – und ich sage es in den Worten von C. S. Lewis, denn niemand hat es bislang besser formuliert:

> „Der Mensch wird nicht einmal mit dem Versuch beginnen, den Eigenwillen aufzugeben, solange es ihm rundherum gut zu gehen scheint. [...] Gott flüstert in unseren Freuden, er spricht in unserem Gewissen; in unseren Schmerzen aber ruft er laut. Sie sind sein Megaphon, eine taube Welt aufzuwecken. [...] Kein Zweifel, der Schmerz als Megaphon Gottes ist ein furchtbares Instrument; er kann zu endgültiger reueloser Rebellion führen. Dennoch ist er für den todkranken Menschen die einzige Gelegenheit der Gesundung.
>
> Jedermann hat schon bemerkt, wie schwer es ist, unsere Gedanken auf Gott zu richten, wenn es uns rundherum gut geht. ‚Wir haben alles, was wir brauchen': ein schrecklicher Ausspruch, wenn ‚alles' Gott nicht einschließt. Wir empfinden Gott als Störung. [...]
>
> Nun, Gott, der uns geschaffen hat, weiß, was wir sind und daß unser Glück in Ihm liegt. Wir aber wollen es in Ihm nicht suchen, solange Er uns noch irgendeine andere Zuflucht läßt,

wo wir es eben noch halbwegs vernünftigerweise vielleicht erwarten dürfen. Solange unser Leben angenehm ist, wollen wir es Ihm nicht ausliefern. Was also kann Gott, und zwar in unserem eigenen Interesse, anderes tun, als uns ‚unser eigenes Leben' weniger angenehm zu machen und uns wegzunehmen, was sich fälschlich als Quelle des Glücks ausgibt."[158]

Lewis hat Recht: Gott liebt uns und spricht zu uns auf unterschiedliche Weise – auch durch Leidenszeiten. Manche Aspekte des Lebens entgehen oft unserer Aufmerksamkeit. Aber das Erleben von Leid fordert uns und macht unmöglich, dass wir einfach wie immer weitermachen.

Es gibt schließlich wirklich Menschen, die im Leben vieles von dem erreicht haben, was sie sich vorgenommen haben, die aber die ganze Zeit das Wichtigste übersehen, nämlich Gottes Ruf, dort zuzustimmen, wofür sie eigentlich gemacht sind: für eine vertrauensvolle Beziehung mit ihrem Schöpfer, der sie liebt. Da das, zumindest für mich, recht theoretisch klingt, will ich der Sache mit einer Geschichte Leben einhauchen, von der Wilhelm Busch berichtet. Busch, zu seinen Lebzeiten ein bekannter Pfarrer im Ruhrgebiet, erzählt von seiner Begegnung mit einem Bergmann, der durch einen Arbeitsunfall querschnittsgelähmt wurde:

„‚Nee, danke', sagte er, ‚für Gott haben wir keenen Bedarf. Der hätte da sein sollen, als ich verunglückte. Jetzt kann ich mein Leben lang in diesem verd… Fahrstuhl sitzen.' Ingrim-

---

158 C. S. Lewis (2007): *Über den Schmerz.* S. 96 f.

mig hieb er auf die Seitenstützen seines armseligen Fahrstuhls. Ich kannte bereits die Geschichte seines Unglücks. Er war Bergmann gewesen. Und als er eines Tages ‚vor Ort' arbeitete, brach das ‚Hangende' herab. Man holte ihn zwar lebendig aus den Steintrümmern heraus. Aber sein Rückgrat war gebrochen. Nun war er ein gelähmter Mann. Ein gelähmter Mann, mitten in der Blüte der Jahre. Ohne jede Hoffnung auf Besserung.

Wohl besuchten ihn seine Kumpel, spielten Karten mit ihm, brachten Schnaps mit. Das war gut gemeint. Aber davon werden ein verfinstertes Herz und ein verzweifeltes Leben nicht hell. Am Abend nach meinem ersten Besuch saß ich in meinem ‚Männerkreis'. Wir forschten zusammen in der Bibel. Wir sprachen von den täglichen Nöten und Kämpfen. Es waren ja lauter Bergleute hier zusammen, die es nicht leicht hatten im ‚Kampf ums Dasein', auch nicht leicht, in ihrer Umgebung Jesus zu dienen. Denen erzählte ich von jenem unglücklichen Mann. ‚Oho', sagten sie, ‚dem Mann muß geholfen werden!'

Und in der Woche darauf, als ich wieder unseren ‚Männerabend' beginnen wollte, ging polternd die Tür auf und — der Fahrstuhl wurde hereingeschoben. Der Mann darin knurrte und brummte wohl ein wenig. Er maulte: ‚Die haben mich einfach mitgenommen, und ich kann mich doch nicht wehren.' Aber man merkte schon, im Grunde war er dankbar, daß sie ihn aus seinem ‚Bau' herausgeholt hatten. Ja, er spürte wohl ein wenig die Liebe, trotz der rauhen Behandlung.

Wir sangen wieder unsere schönen Jesuslieder. ‚Es ist ein Born, draus heil'ges Blut für arme Sünder quillt …' – ‚Ich bete an die Macht der Liebe …' Wir betrachteten miteinander

Gottes Wort. Wir sprachen von unseren Nöten und brachten alles im Gebet vor Gott. Diese Stunde muß dem Manne wohlgetan haben. Denn als meine Freunde ihn in der nächsten Woche abholen wollten, da hatte er sie schon erwartet. Von da an gehörten der Fahrstuhl und sein Insasse zu allen unseren Stunden. Gottes Wort tat seine herrliche Wirkung an diesem verfinsterten Herzen. Der Mann erkannte, daß sein größtes Unheil sein verlorener Sündenzustand war. Er fing an, den Frieden mit Gott zu suchen, fand Jesus am Kreuz und erfuhr die Wohltat der Sündenvergebung durch Jesu Blut.

Nun wurde alles neu. Sein unordentliches Hauswesen kam in Ordnung. Zwar blieben alte Freunde ärgerlich weg, aber dafür kamen andere. Wo früher nur Schimpfen und Fluchen zu hören waren, da klangen nun Jesuslieder. Die Schnapsflasche verschwand. Dafür lag die Bibel auf dem Tisch. Frau und Kinder lebten auf. Kurz: Jesus machte alles neu.

Eines Tages besuchte ich ihn. Sein Fahrstuhl stand vor dem Haus am Straßenrand, wo die Sonne so ein wenig zwischen den grauen Häusern hindurch kam. Ich setzte mich neben ihn auf die Haustreppe. ‚Herr Pastor', sagte er, ‚wenn ich einmal in der Ewigkeit vor dem Thron Gottes stehe, dann will ich ihm danken, daß – er mir — das Rückgrat – zerbrochen hat.' Ich erschrak: ‚Das ist aber ein großes Wort.' ‚Ja sehen Sie, wenn mich Gott so hätte laufen lassen, dann wäre ich schnurstracks zur Hölle gelaufen. Ich wollte auf ihn nicht hören. Da mußte er in seiner rettenden Liebe fest zupacken, um mich zur Bekehrung zu bringen. Und darum will ich ihm einmal danken dafür.'"[159]

159 W. Busch (2019): *Kleine Erzählungen. Erster Band.* Auch einsehbar unter: https://t1p.de/vo2zd.

Wer die Nachrichten aufmerksam verfolgt, der geht nicht ohne das Wissen ins Bett, dass auch heute wieder viel Grausames passiert ist. Wenn uns das wenigstens im Gewissen erreichen und klarmachen würde: Gott will mit uns reden. Aber manchmal dringt er auf normalen Weg nicht mehr durch den Panzer durch, den sich manche von uns im Laufe der Jahre erfolgreich aufgebaut haben.

Jesus weiß um das, was uns unser Leid zumutet – und entschuldigt sich für nichts. Er sagt vielmehr: „Gott liebt dich und spricht zu dir – auch durch Schmerz, der ihm als Megafon dient, um dich aus deiner tödlichen Gottvergessenheit wachzurütteln. Nicht, weil Gott auch nur irgendeine Freude an Leid hat, sondern weil er weiß, dass du sonst dein Glück mit einer trügerischen Sicherheit verwechselst und ins Verderben läufst. Es gibt ein Gericht Gottes." Im Buch der Psalmen lesen wir dazu: „Lehre uns bedenken, dass wir sterben müssen, damit wir ein weises Herz erlangen." (Psalm 90,12)

Zweite Überraschung: Leid ist keine Strafe

Ich möchte Ihnen noch von einer zweiten überraschenden Reaktion von Jesus berichten. Wir lesen sie im Johannesevangelium, Kapitel 9. Dort heißt es, dass Jesus mit seinen Jüngerinnen und Jüngern durch Jerusalem geht und einen Mann sieht, der von Geburt an blind war. Sie fragen ihn daraufhin: „Meister, wie kommt es, dass dieser Mann blind geboren wurde? Wer hat gesündigt – er selbst oder seine Eltern?" (Jh 9,2) Sie kommen also sofort auf den Gedanken:

„Es ist doch nur gerecht, wenn Leid als Strafe für etwas Schlechtes kommt, das man gemacht hat."

Das ist die Rechnung des normalen religiösen Menschen: Leid kann nur Strafe sein. So ticken auch die Jüngerinnen und Jünger. Als Zuschauerinnen und Zuschauer gehen sie teilnahmslos an dem Mann vorbei, kennen ihn gar nicht und bilden sich vor dem Hintergrund ihrer Religiosität ein, zu wissen, was vor sich geht. Und was macht Jesus? Er antwortet: „Es ist weder seine Schuld noch die seiner Eltern."

Das ist bei näherem Nachdenken allein schon theologisch eine fragwürdige Aussage. Kann man von einem Menschen sagen, dass er nie etwas falsch gemacht hat? Nie Liebe schuldig geblieben ist? Jesus sagt an anderer Stelle ziemlich harsch: „Denn aus dem Herzen des Menschen kommen böse Gedanken, Mord, Ehebruch, Unzucht, Diebstahl, falsche Aussagen, Verleumdungen." (Mt 15,19) Kurz gesagt: „Jeder ist zu allem fähig!" Ja, was denn jetzt? Jesus wischt hier die Frage weg und gibt seinen Jüngern zu verstehen: „Eure Fragestellung ist total kaputt. Sie taugt nichts und führt zu nichts." Und er fährt fort:

> „Es ist weder seine Schuld noch die seiner Eltern. An ihm sollen die Werke Gottes sichtbar werden. Wir müssen den Auftrag dessen, der mich gesandt hat, ausführen, solange es Tag ist. Die Nacht kommt, in der niemand mehr etwas tun kann."

Im Weiteren geschieht nun eine ganze Menge: Jesus hat viel Streit, vor allem mit den Frommen. Lesen Sie das gerne einmal nach – uns reicht hier erst einmal die Feststellung:

Jesus lehnt die religiöse Denkweise ab, die Leid als Strafe erklärt. Er schließt stattdessen die Zuschauer, die so unbeteiligt die Frage nach der Ursache des Leides gestellt haben, mit ein und sagt: „*Wir* müssen die Werke dessen tun, der mich gesandt hat." Aus Zuschauern macht Jesus Mitarbeiter. Darauf müssen wir noch kommen. Das ist ein ganz entscheidender Zugang bei der biblischen Beantwortung der Frage, warum Gott das alles zulässt.

Wer hat denn das Recht, so eine Frage einfach wegzuschieben? Jeder darf doch aus seiner Not heraus schreien und nach einer Erklärung fragen. Für wen hält sich Jesus, dass er so reagieren darf? Wer ist er schon? Ich sage es Ihnen: Er ist der, der Schmerz und Leid kennt wie sonst niemand. Von ihm heißt es im Buch Jesaja, Kapitel 53 – ein Buch, dessen Verfassungszeit auf das 6. Jahrhundert vor Christus angesetzt wird:[160]

> „Er wurde verachtet und von den Menschen abgelehnt – ein Mann der Schmerzen, mit Krankheit vertraut, jemand, vor dem man sein Gesicht verbirgt. Er war verachtet und bedeutete uns nichts. Dennoch: Er nahm unsere Krankheiten auf sich und trug unsere Schmerzen. Und wir dachten, er wäre von Gott geächtet, geschlagen und erniedrigt! Doch wegen unserer Vergehen wurde er durchbohrt, wegen unserer Übertretungen zerschlagen. Er wurde gestraft, damit wir Frieden haben. Durch seine Wunden wurden wir geheilt!

---

160 Vgl. L. Bormann (2022): Bibelkunde: *Altes und Neues Testament.* S. 164; K. Dorn (²2021): *Basiswissen Bibel: Das Alte Testament.* S. 232. K. Schmid (³2021): *Literaturgeschichte des Alten Testaments.* S. 132.

Wir alle gingen in die Irre wie Schafe. Jeder ging seinen eigenen Weg. Doch ihn ließ der HERR die Schuld von uns allen treffen. Er wurde misshandelt und niedergedrückt und gab keinen Laut von sich. Wie ein Lamm, das zum Schlachten geführt wird, und wie ein Schaf vor seinem Scherer verstummt, so machte auch er den Mund nicht auf."

600 Jahre später: Auf den Straßen grölt eine Menschenmenge. Ein paar römische Soldaten treiben einen vor Schwäche schwankenden Mann durch die Straßen raus aus der Stadt, dorthin, wo die Müllkippe Jerusalems ist: nach Golgatha. Dort lagern die Juden nicht nur ihren Müll, dort finden auch die Hinrichtungen statt. Deshalb treiben sie Jesus und zwei Verbrecher, die auch die Todesstrafe erhalten haben, dorthin. Sie würfeln darum, wer seine Kleider erhält, und peitschen ihn aus. Anschließend treiben sie Nägel in seine Hände und Füße. Allen Zuschauern wird erneut klar: Die Kreuzigung ist ein besonders grausamer und qualvoller Akt.

Und was macht Jesus? Er betet: „Vater, vergib ihnen, denn sie wissen nicht, was sie tun." Und dann schreit er: „Mein Gott, mein Gott, warum hast du mich verlassen?" Er schreit das *Warum*. Und er zitiert damit eine Passage aus dem Alten Testament, in Psalm 22:

„Mein Gott, mein Gott, warum hast du mich verlassen? Ich schreie, aber keine Rettung ist in Sicht, ich rufe, aber jede Hilfe ist weit entfernt! [...] Menschen haben mich eingekreist wie Hunde, eine Horde von Gewalttätern umringt mich. Wie sich ein Löwe in seine Beute verbeißt, so halten sie mich fest und geben meine Hände und Füße nicht mehr frei. Ich

> könnte meine Knochen einzeln zählen; meine Feinde starren mich nur erbarmungslos an. Sie verteilen meine Kleider unter sich und werfen das Los, wer mein Obergewand bekommen soll. Du aber, HERR, bleib nicht fern von mir! Du bist doch meine Kraft, schnell, komm mir zu Hilfe!"

Aber Gott gibt keine Antwort. Er lässt es zu. Und Jesus stirbt – an meiner Stelle. An Ihrer Stelle. Und jeder, der für sich in Anspruch nimmt, dass Gott in Jesus für uns diesen Weg geht, der darf wissen: Ich bin Gottes Kind und nichts kann mich trennen von der Liebe Gottes. Der darf sich gewiss sein, dass weder Tod noch Leben, weder Gegenwärtiges noch Zukünftiges, noch Hohes, noch Tiefes, noch sonst irgendetwas uns je von der Liebe Gottes trennen kann, die uns in Jesus geschenkt ist. Denn er ist Gott selbst, der jeden von uns in seine liebevolle Gemeinschaft einlädt.

Und deshalb darf auch nur er die Frage nach der Schuld wegwischen. *Nicht*, weil er das Thema verharmlosen will und sagt: „Euer Leid ist nicht so schlimm." Sondern weil er es trägt. Er trägt es ins Gericht Gottes und stirbt in der Konsequenz. Deshalb kann er allein sagen: „Dieses Thema zählt *nicht* mehr!" Er will, dass am Leben dieses blinden Mannes, was auch immer sein Leid ist, Gottes Werke sichtbar werden – durch sein Handeln, aber vor allem durch unseres.

Das gilt auch Ihnen. Was auch immer Ihre Schmerzen, Ihre offenen Fragen und Ihre Bitterkeit sind: Sie dürfen alles zur Sprache bringen und in den Schrei von Jesus hineinwerfen und wissen: Er kennt es. Wir haben keinen Gott, der mit langem weißem Bart und Jesuslatschen im

Jenseits hockt und von der Ferne her winkt. Und um ihn herum flattern ein paar Engel im Arztkittel und mit Harfe in der Hand. Wir haben einen Gott, der liebt und in die Schmerzen selbst hineinkommt. Ein Gott, der am Kreuz verblutet und erstickt ist. Der selbst durch die Hölle gegangen ist, damit wir es nicht mehr müssen.

Einen Gott, der sagt: Wenn du durch Leid gehen musst – *ich bin dabei*. „Auch wenn ich durch das dunkle Tal des Todes gehe, fürchte ich mich nicht, denn du bist an meiner Seite. Dein Stecken und Stab schützen und trösten mich." Das ist das Gebet in Psalm 23 und es ist das, was ich Ihnen als Christ angesichts des vielen Leids, das uns umgibt, anzubieten haben: Gott ist in den Schmerzen bei uns.

Ich kann Ihnen keine Erklärung für das Leid in der Welt geben. Wenn Sie meinen, dass Ihnen eine religiöse Antwort auf das Leid weiterhilft, dann bedienen Sie sich im Supermarkt der Religionen. Viele liefern Ihnen absolut runde Antworten. So etwas habe ich nicht anzubieten. Aber wem ist schon geholfen, eine theologische Erklärung für das Leid zu haben? Den Eltern, die ihr Kind hergeben müssen, das an Krebs stirbt? Dem Kind selbst? Nein: *Niemand* wird in seinem Leid dadurch getröstet, dass er eine intellektuelle Erklärung dafür bekommt. Das ist zutiefst albern. Im Leid tröstet nichts, was durch den Kopf geht.

Genauso gilt, dass Gott nicht daran denkt, uns tröstende Erklärungen zu geben, damit wir Zuschauer des Leids bleiben können, die ja inzwischen wissen, wie es sich mit dem Unrecht in der Welt verhält. Nein, Gott lässt diese offenen Fragen zu. Er mutet sie uns zu – und sie tun uns weh! Aber er sagt: „Was ich will, ist, dass du aus meiner Kraft selbst eine Mitarbeiterin und ein Mitarbeiter der Hoffnung in dieser Welt wirst." *Wir* müssen diese Taten tun!

Und dafür wählt Gott nicht die aus, die sich schon für gut genug halten. Sondern die, für die es kein Problem ist, Geschäftsführer des Ladens zu bleiben. Die nimmt er und sagt: „Du bist der Bote meiner Liebe in einer Welt des Hasses, der billigen Erklärungen, des untätigen Geredes. Ich brauche dich als Zeugen, der mit Wort und Tat mutig zu anderen geht, ihnen im Leid und Sterben hilft und ihnen sagt: Der Herr ist auferstanden."

Deshalb kann ich gar nicht anders, als Menschen zu bitten, dass sie ihr Leben mit diesem Jesus verbinden. Lassen Sie sich von diesem Gott ansprechen, der Ihnen zuruft: „Kommt zu mir, ihr alle, die ihr euch plagt und von eurer Last fast erdrückt werdet; ich werde euch Ruhe geben." (Mt 11,28) Diese Bitte gilt auch Ihnen: Lassen Sie sich mit Gott versöhnen. Mit dem, der sich danach sehnt, dass Sie mit Ihren ganzen Fragen und Schmerzen zu ihm kommen und die Kraft seiner Auferstehung erfahren, die uns durchträgt. Binden Sie Ihr Leben an den einen, der das Leben ist – an den gekreuzigten und auferstandenen Jesus.

Manchmal werde ich gefragt, was es denn bringt, Christ zu werden. Ich erzähle dann immer genau davon: von diesem Vertrauen, das mich hält, wenn *ich selbst* nichts mehr halten kann. Von meiner Hoffnung, die allem ins Auge sieht – selbst dem Tod. Und von meiner Zuversicht, die nichts beschönigt, aber auch nicht an meine Situation gebunden ist.

Das sage ich natürlich als jemand, bei dem derzeit keine schwere Leidphase vor der Tür steht. Deshalb ist meine

Bitte auch immer, sich gerade den Einblick und Rat – aber auch die Bestätigung meiner leidungeprüften Gedanken – von denen einzuholen, deren Umstände (leider) anders sind. Von Leuten wie C. S. Lewis, der in seinem Buch *Über die Trauer* offen seine Erfahrungen mit billigen Vertröstungen und echtem Trost nach dem Tod seiner Frau schildert. Von Timothy Keller, der kurz nachdem sein Buch *Über den Tod* erschienen war, die Diagnose erhielt, einen todbringenden Krebs in sich zu haben – weshalb er sein Buch um ein sehr persönliches Kapitel erweiterte, bevor er im Mai 2023 verstarb.

Oder von den acht Christinnen und Christen, die im Buch *Warum ich trotzdem glaube. Vom Zweifeln, Vertrauen und Kraftfinden in schweren Zeiten* vom Durchleben härtesten Leides berichten – und trotzdem (oder gerade deshalb) an ihrem Glauben an Jesus festhalten. Zum Beispiel Karsten Lauenroth, der gemeinsam mit seiner Frau seine beiden Töchter Marlena und Miriam innerhalb weniger Monate verlor. Oder Andreas Hahn, bei dem im Jahr 2015 eine metastasierte bösartige Krebserkrankung diagnostiziert wurde. Menschen wie sie sind es, die bei der Frage nach Gott und der Sinnhaftigkeit des Glaubens im Leid als Erstes zu befragen sind.

KAPITEL 9:
Schlusswort

Die Verabschiedung in diesem Buch übernehmen nicht Stephan oder Colin, sondern meine Wenigkeit: Andrea Ballschuh. Vielleicht ist Ihnen meine Stimme aus dem Radio bekannt, oder Sie haben mich als Moderatorin von ZDF-Fernsehsendungen wie *Volle Kanne* oder *hallo deutschland* gesehen. Oder vielleicht durfte ich Sie auch schon mal in meiner Tätigkeit als Video-Coach begleiten. Heute habe ich die Ehre, das Schlusskapitel dieses Buches beizusteuern, das Stephan und Colin mit großer Hingabe geschrieben haben. Als die beiden mit der Bitte an mich herantraten, musste ich nicht lange überlegen. Einen fundierten Glauben zu haben, bedeutet mir viel – besonders da ich noch vor einigen Jahren eine gänzlich andere Einstellung zu Gott hatte.

Aufgewachsen in der ehemaligen DDR, also in einem Umfeld, das strikt atheistisch geprägt war, fanden Themen wie „Gott und Glauben" keinen Platz in meinem Leben. Dennoch begann ich mich zu fragen, ob es vielleicht mehr zwischen Himmel und Erde gibt, als mit bloßem Auge sichtbar oder mit Händen greifbar ist. Diese Suche führte mich durch vielfältige Erfahrungen: von skeptischen bis hin zu indifferenten Ansichten über Gott, durch esoterische

Praktiken bis zu einem Leben, in dem mein Vertrauen in Jesus eine zentrale Rolle spielt.

Ich habe mit 50 zu ihm gefunden. Jesus hat mich verändert. Mein Ego ist kleiner geworden. Ich treffe Entscheidungen in Abstimmung mit Gott, das gibt mir Sicherheit. Und da ich mich nicht mehr allein fühle, muss ich Schweres nicht mehr allein tragen. Bei den meisten meiner Kunden hat es sich bereits herumgesprochen, dass ich zu Gott gefunden habe und Jesus mein bester Berater ist. Viele finden das gut, für andere ist das ein Dealbreaker. Sie befürchten, dass ich religiöses Geschwurbel verbreite und mein logisches Denken an der Himmelspforte abgegeben habe. Okay, kann ich verstehen.

Religion hat viel menschenverachtendes Saatgut hervorgebracht und eine Menge Leid verursacht. Für viele ist Jesus nicht der Erlöser, der eine Beziehung zwischen Gott und Mensch ermöglicht, sondern der Gründer einer Weltreligion, dessen „Nachfolger" durch ihre rigide Sexualmoral Missbrauch Tür und Tor öffneten. Wenn mich jemand mit diesen Menschen in einen Topf wirft, verstehe ich seine Bauchschmerzen.

Eine meiner engsten Freundinnen ist Agnostikerin. Sie ist in einer christlich-fundamentalistischen Sekte aufgewachsen. Sie findet, dass Christen, die sich nur bestimmte Zeilen aus der Bibel herauspicken, vergleichbar sind mit Menschen, die sagen: „Im AfD-Wahlprogramm ist auch nicht alles schlecht." Ist unsere Freundschaft nicht ein No-Go?! Vielleicht für einige, aber nicht für uns. Neulich sagte sie zu mir: „Wenn ich dich in meine Schublade über das Christentum packen und alle meine ätzenden Erfahrungen auf dich projizieren würde, dann würde meine Vergangenheit mich davon abhalten, den Menschen zu sehen, der vor mir steht – und der ist wundervoll."

Ja, sie stellt Lehren und Dogmen infrage. Sie will wissen, was mir mein Glaube gibt und warum er mir so wichtig ist. Ich finde das großartig! Und es freut mich sehr, dass ich sie nicht an ihre Vergangenheit erinnere. Beim Christsein geht es schließlich nicht um das Befolgen starrer Dogmen oder Regeln, nicht um Frommsein im überheblichen Sinne und auch nicht darum, seine Mündigkeit an der Kirchentür abzugeben. Es geht vielmehr um eine tiefgreifende Charakterentwicklung – um das Streben, Jesus ähnlicher zu werden. Dem Gott nachzufolgen, der sich uns in Jesus zu erkennen gibt.

Das geschieht nicht aus eigener Kraft. Nicht durch verzweifelte Versuche, uns „perfekter" zu verhalten. Wäre dem so, wäre Christsein ein sinnloses Unterfangen. Hierin liegt für mich eine der Schönheiten des Glaubens: Nicht *ich* muss etwas schaffen, sondern Jesus schafft etwas *in mir*. Dies geschieht nicht aufdringlich. Er hat sich mir nicht aufgezwungen, als ich noch fern von ihm war, und er tut es auch heute nicht. Ich glaube das, weil ich keinen Grund habe, meinem Verstand und meinen Erfahrungen zu misstrauen. Beide bestärken mich in der Gewissheit, dass Jesus lebt.

In ihrem Buch legen Stephan und Colin dar, dass es triftige Gründe gibt, diesen Glauben ernst zu nehmen – trotz aller Fragen, die Sie zweifelsohne auch nach dem Lesen dieser Lektüre noch beschäftigen. Es ist in Ordnung, dass Sie Fragen zu haben. Es ist in Ordnung, zu zweifeln. Meine persönlichen Erkenntnisse zeigen mir, dass es im Leben oft weniger darum geht, alle Antworten zu kennen, sondern den Mut zu haben, Fragen zu stellen.

Deshalb mag ich nicht nur ihr Buch, sondern auch ihren Podcast *Glaube ist frag-würdig*. Denn es stimmt: Der christliche Glaube ist es wert, gute Fragen an ihn zu richten. Das heißt nicht, dass es auf jede auch eine Antwort gibt. Jesus nachzufolgen, bedeutet in erster Linie, ihm ähnlicher zu werden – nicht, sich mit theologischem Wissen zu beladen.

Ich denke, wir sollten gar nicht erst erwarten, Gott voll zu verstehen. Er ist soooo groß, dass wir als kleine Menschen dazu nicht in der Lage sind. Für mich ist das total okay. Ich kann gut mit offenen Fragen in meinem Weltbild leben. (Das musste ich als Atheistin übrigens auch.) Es ist für mich unglaublich schön, mich einfach in den Glauben an Jesus fallen zu lassen und zu fühlen, dass ich von ihm getragen werde. Ich kann niemals tiefer fallen als in Gottes Hand.

Diese Einsicht zu gewinnen, erforderte Zeit. Seit ich Jesus vertraue, fühle ich einen ganz tiefen inneren Frieden in mir. Obwohl es um mich herum oft stürmt, habe ich keine Angst mehr. Was nicht heißt, dass ich nicht oft Mut brauche. Aber ich habe keine Angst mehr vor der Zukunft. Ich habe die tiefe Gewissheit, dass Gott für mich das Beste will und er mich dorthin führt, wo er das Beste für mich sieht. Dieser Weg ist nicht immer leicht. Aber das Leben wäre auch ganz schön langweilig, wenn es immer nur leicht wäre. Spannend wird unser Leben doch erst durch die Erfahrungen außerhalb der Komfortzone.

Ich lade Sie herzlich ein, Ihrer Neugier freien Lauf zu lassen. Und seien Sie wachsam gegenüber den Stimmen in

Ihnen, die Ihnen weismachen wollen, dass *nur Ihre* Sicht der Dinge richtig und unvoreingenommen sei, während andere, die Ihre Ansichten nicht teilen, naiv oder befangen sein müssen. Solche Gedanken bieten keinen Nährboden für die Suche nach Wahrheit. Vielmehr sind Offenheit und Wissbegier die besseren Ratgeber.

Meine Reise der Neugier begann mit einem schlichten, doch aufrichtigen Gebet: „Gott, wenn es dich wirklich gibt, gib mir bitte ein Zeichen." Ihre Worte mögen anders formuliert sein, und das ist vollkommen in Ordnung. Wichtig ist, dass Sie echt und unverstellt bleiben. Sollte es Gott geben, ist ohnehin nichts vor ihm zu verbergen. Legen Sie ihm all Ihre Enttäuschungen, Zweifel, Ängste und Unsicherheiten offen hin. Wenn es ihn wirklich gibt, wird er mit nichts davon überfordert sein.

Jesus selbst sagt: „Ich bin die Auferstehung und das Leben. Wer mir vertraut, wird leben, auch wenn er stirbt. Und jeder, der lebt und mir vertraut, wird niemals sterben. Glaubst du das?" Diese Frage richtet sich an Sie. Ich möchte Ihnen Mut machen, sich auf sie einzulassen.

Alles Liebe
Ihre Andrea Ballschuh

Literaturverzeichnis

Alexander, D.; McGrath, A. (2023): *Coming to Faith Through Dawkins. 12 Essays on the Pathway from New Atheism to Christianity.*

Alexander, S.; Cormack, S.; Gleiser, M. (2016): *A cyclic universe approach to fine tuning. In: Physics Letters B. Vol. 757.*

Allison, D. C. (2021): *The Resurrection of Jesus. Apologetics, Polemics, History.*

Aronson, E.; Wilson, T. D.; Sommers, S. (¹⁰2023): *Sozialpsychologie.*

Austin, S. A. (2012): *Jerusalem Earthquake of 33 A.D. Evidence Within Laminated Mud of the Dead Sea, Israel.* [Vortrag] https://t1p.de/8uslt.

Bahrdt, C. F. (1786/2022): *Ausführung des Plans und Zwecks Jesu. In Briefen an Wahrheit suchende Leser, Erstes Bändchen.* [Neuausgabe 2022].

Baigent, M.; Leigh, R.; Lincoln, H. (2004): *Holy Blood, Holy Grail. The Secret History of Christ. The Shocking Legacy of the Grail.*

Balz, H. (1992): *Exegetisches Wörterbuch zum Neuen Testament. Band 2.*

Barnes, L. A.; Lewis, G. F. (2016): *A Fortunate Universe. Life in a finely tuned cosmos.*

Barrow, J. D.; Tipler, F. J. (1986): *The Anthropic Cosmological Principle.*

Bauckham, R. (²2017): *Jesus and the Eyewitnesses. The Gospels As Eyewitness Testimony.*

Beale, N.; Polkinghorne, J. (2009): *Questions of Truth. Fifty-one Responses to Questions about God, Science, and Belief.*

Beckermann, A. (²2021): *Naturalismus. Entwurf eines wissenschaftlich fundierten Welt- und Menschenbilds.*

Bedürftig, T. (2020): „*Wir stehen ratlos vor der Anwendbarkeit der Theorien.*“ https://t1p.de/flnel.

Bedürftig, T.; Murawski, R. (⁴2019): *Philosophie der Mathematik.*

Bollacher, M. (2020): Pantheismus. In: Kirchhoff, T.: *Online Lexikon Naturphilosophie*. https://t1p.de/3hjln.

Bormann (2022): *Bibelkunde: Altes und Neues Testament.*

Bradford, R. A. W. (2011): *Fine Tuning is Inevitable in a Complex Universe.*

Bruntrup, G.; Jaskolla, L. (2016): *Panpsychism. Contemporary Perspectives.*

Busch, W. (2019): *Kleine Erzählungen. Erster Band.*

Canterbury, A. v. (2005): *Proslogion/Anrede. Lateinisch/Deutsch.*

Carr, B. J.; Rees, M. J. (1979): The anthropic principle and the structure of the physical world. In: *Nature. Vol. 278.*

Carter, B. (1974): Large number coincidences and the anthropic principle in cosmology. In: Longair, M. S. (Hrsg.): *Confrontation of Cosmological Theories with Observational Data.*

Chalmers, D. J. (2014): *Wie lässt sich das Bewusstsein erklären.* [Vortrag] https://t1p.de/jzoyh.

Chalmers, D. J. (2023): *Realität+: Virtuelle Welten und die Probleme der Philosophie.*

Cheek. N.; Pronin, E. (2022): I'm Right, You're Biased. How We Understand Ourselves and Others. In: Ballantyne, N. (Hrsg.): *Reason, Bias, and Inquiry. The Crossroads of Epistemology and Psychology.*

Christian, W. (1992): *Moving Crucifixes in Modern Spain.*

Clausen, M. (2016): *Ich denke, also bin ich hier falsch? Glaube für Auf- und Abgeklärte.*

Clausen, M. (2021): *Genügt es nicht, ein guter Mensch zu sein?* [Podcast]. https://t1p.de/w29q1.

Clausen, M. (2021): *Warum ich trotzdem Christ bin. Ehrlich zweifeln, gerne glauben.*

Colosio, M. et al. (2017): Neural Mechanisms of Cognitive Dissonance. In: *The Journal of Neuroscience. Vol. 37.*

Craig, W. L. (2015): *On Guard. Mit Verstand und Präzision den Glauben verteidigen.*

Crossan, J. D. (1999): *The Birth of Christianity. Discovering What Happened In the Years Immediately After the Execution of Jesus.*

Cumont, F. (1930): Un réscrit impérial sur la violation de sépulture. In: *Revue Historique. Vol. 163/2.* https://t1p.de/869yx.

Davies, P. (2006): *The Goldilocks Enigma. Why Is the Universe Just Right for Life?*

Davies, P. (2014): *Information and the Nature of Reality. From Physics To Metaphysics.*

Dawkins, R. (1998): *On the God of Some Physicists* [Interview] https://t1p.de/ak56h.

Dawkins, R. (2006): *Der Gotteswahn.*

De Vuyst, J. (2020): *A Natural Introduction to Fine-Tuning.*

Derrett, J. D. M. (1982) *The Anastasis: Resurrection of Jesus as an Historical Event.*

Dickinson R. W. (2019): *The Resurrection of Jesus Christ. Historically and Logically Viewed.*

Donoghue, J. F. (2007): The fine-tuning problems of particle physics and anthropic mechanisms. In: Carr, B. (Hrsg.): *Universe or Multiverse.*

Dorn, K. (²2021): *Basiswissen Bibel: Das Alte Testament.*

Dumsday, T. (2015). C. S. Lewis on the Problem of Divine Hiddenness. In: *Anglican Theological Review. Vol. 97/1.*

Dumsday, T. (2016). The Problem of Divine Hiddenness. In: *American Catholic Philosophical Quarterly Vol. 90/3.*

Dumsday, T. (2023): A Bonaventurean Approach to the Problem of Divine Hiddenness. In: *Proceedings of the American Catholic Philosophical Association. Vol. 95.*

Dunn, J. D. G. (1997): *Jesus and the Spirit. A Study of the Religious and Charismatic Experience of Jesus and the First Christians as Reflected in the New Testament.*

Dunn, J. D. G. (2016): *Why believe in Jesus' Resurrection? A Little Book Of Guidance.*

Dunning, D. (2011): The Dunning-Kruger effect. On being ignorant of one's own ignorance. In: *Adv Exp Soc Psychol. Vol. 44.*

Dunning, D.; Kruger. J. (1999): Unskilled and unaware of it. How difficulties in recognizing one's own incompetence lead to inflated self-assessments. In: *J Pers Soc Psychol. Vol 77/6.*

Dunning, D.; Sanchez, C. (2018): Overconfidence Among Beginners: Is a Little Learning a Dangerous Thing? In: *J Pers Soc Psychol. Vol 114/1.*

Ehrman, B. D. (2015): *How Jesus Became God. The Exaltation of a Jewish Preacher from Galilee.*

Einstein, A. (1936): Physik und Realität. In: *Journal of The Franklin Institute. Vol. 221/3.*

Eisenberg, L. I. (2016): A New Natural Interpretation of the Empty Tomb. In: *International Journal for Philosophy of Religion. Vol. 80.*

Ellis, G. F. R. (1993): The anthropic principle. Laws and environments. In: Bertola, F.; Curi, U. (Hrsg.): *The Anthropic Principle. The Conditions for the Existence of Mankind in the Universe.*

Ellis, G. F. R.; Meissner, K. A.; Nicolai, H. (2018): The physics of infinity. In: *Nature Physics. Vol 14.*

Evans, C. A. (2012): *Jesus and His World. The Archaeological Evidence.*

Freeman, C. (2009): *A New History of Early Christianity.*

Fried, J. (2019): *Kein Tod auf Golgatha. Auf der Suche nach dem überlebenden Jesus.*

Froude, J. A. (1964): *Short Studies on Great Subjects.*

Gasser, G.; Kreiner, A.; Weidner, V. (2020): *Klassische und aktuelle Beiträge aus Theologie und Religionsphilosophie.*

Giambrone, A. (2022): *A Quest for the Historical Christ. Scientia Christi and the Modern Study of Jesus.*

Gigerenzer, G. (2021): *Bauchentscheidungen. Die Intelligenz des Unbewussten und die Macht der Intuition.*

Giovannini, A.; Hirt, M. (1999): L'inscription de Nazareth. Nouvelle interprétation. In: *Zeitschrift für Papyrologie und Epigraphik. Vol. 124.* https://t1p.de/c258sP.

Grabbe, R. L. L. (2011): *History of the Jews and Judaism in the Second Temple Period. Vol. 2.*

Gramms, T. (2014): *Argumentationsfehler des ontologischen Naturalismus.* https://t1p.de/gjn2vs.

Grass, H. (1970): *Ostergeschehen und Osterberichte.*

Greene, B. (2011): *The Hidden Reality. Parallel Universes and the Deep Laws of the Cosmos.*

Guth, A. H. (2007): Eternal inflation and its implications. In: *Journal of Physics A. Mathematical and Theoretical. Vol. 40.*

Haidt, J. (2013): *The Righteous Mind. Why Good People are Divided by Politics and Religion.*

Harrison, E. (2003): *Masks of the Universe. Changing Ideas on the Nature of the Cosmos.*

Hawking, S.; Mlodinow, L. (2010): *The Grand Design.*

Heilmann, S.; Friedmann, M. (2012): *The Rebbe. The Life and Afterlife of Menachem Mendel Schneerson.*

Heinrichs, T. (2016): *Weltanschauung als Diskriminierungsgrund. Begriffsdimensionen und Diskriminierungsrisiken.*

Helbig, P. (2023): Life, the Multiverse, and Fine-Tuning. In: *Foundations of Physics.*

Hempelmann, H. (1982): *Die Auferstehung Jesu Christi. Eine historische Tatsache?*

Hempelmann, H. et al. (2017): *ELThG². Evangelisches Lexikon für Theologie und Gemeinde. Band 1. Neuausgabe.*

Hengel, M. (2007). *Geschichte des frühen Christentums. Band I. Jesus und das Judentum.*

Hengel. M. (2007): Das Begräbnis Jesu bei Paulus und die leibliche Auferstehung aus dem Grabe. In: *Studien zur Christologie. Kleine Schriften IV.*

Herbst, M. (2014): *GreifBar-Predigt am 14. Dezember 2014.* https://t1p.de/e90eu.

Hergovich, A. (²2021): *Allgemeine Psychologie. Denken und Lernen.*

Hilbert, D. (1926/³2012): On the Infinite. In: *Philosophy of Mathematics. Selected Readings.*

Hitchens, C. (2010): *Christopher Hitchens Fine Tuning.* https://t1p.de/k3g3b.

Hoping, H. (2019): *Jesus aus Galiläa. Messias und Gottes Sohn.*

Hossenfelder, S. (2021): *The fine tuning of the Universe. Was the cosmos made for us?* https://t1p.de/09vj7.

Howard-Snyder; A. Green (2022): Hiddenness of God. In: E. N. Zalta; U. Nodelman (Hrsg.): *Stanford Encyclopedia of Philosophy.* https://t1p.de/g5cz1.

Hume, D. (1748/2000): *An Enquiry Concerning Human Understanding.*

Hutchinson, I. (2012): *Is Christianity at Odds with Science?* https://t1p.de/lq99j.

Johnson, D. K. (2021): Inference to the Best Explanation and Rejecting the Resurrection. In: *Socio-Historical Examination of Religion and Ministry. Vol. 3/1.*
Josephus: *Antiquitates Iudaicae.*
Joyce, D. (1972): *The Jesus Scroll.*
Kahneman, D. (2016): *Schnelles Denken, langsames Denken.*
Kahneman, D. (2021): *Noise. Was unsere Entscheidungen verzerrt – und wie wir sie verbessern können.*
Kant, I. (1788/2003): *Kritik der praktischen Vernunft. Philosophische Bibliothek. Bd. 506.*
Keller, T. (2019): *Glauben wozu? Religion im Zeitalter der Skepsis.*
Keller, T. (2023): *Über den Tod. In Sterben und Tod die Hoffnung behalten.*
Koch, C. (2020): *Bewusstsein. Warum es weit verbreitet ist, aber nicht digitalisiert werden kann.*
Kravel-Tovi, M.; Bilu, Y. (2008): The Work of the Present. Constructing Messianic Temporality in the Wake of Failed Prophecy among Chabad Hasidim. In: *American Ethnologist. Vol 35.*
Landsborough L. (1987): St Paul and temporal lobe epilepsy. In: *Journal of Neurology, Neurosurgery, and Psychiatry. Vol. 50/6.*
Landsman, K. (2016): The Fine-Tuning Argument. Exploring the Improbability of Our Existence. In: Landsman, K., van Wolde, E. (Hrsg.): *The Challenge of Chance. A Multidisciplinary Approach from Science and the Humanities.*
Lange, S. (2022): *Warum ich trotzdem glaube. Vom Zweifeln, Vertrauen und Kraftfinden in schweren Zeiten.*
Lappé, F.; Collins, J. (2015): *World Hunger. 10 Myths.*
Laurentin, R. (1991): *The Apparitions of the Blessed Virgin Mary Today.*
Le Bon, G. (1911): *Psychologie der Massen.*
Ledochowski, M.; Fuchs, D. (2014): Die Auferstehung Christi aus medizinischer Sicht. Ist Jesus am Kreuz gestorben oder rettete der Lanzenstich zufällig sein Leben? In: *Biologie in unserer Zeit. Bd. 44.*
Leng, M. (2010): *Mathematics and Reality.*
Lennox. J. C. (2023): *Kosmos ohne Gott? Warum Glaube und Wissenschaft zusammengehören.*
Lennox. J. C. ([3]2023): *Wozu Glaube, wenn es Wissenschaft gibt?*

Lesch, H. (2010): *„Ich bin vom Scheitel bis zur Sohle Protestant"*. https://t1p.de/1i9cb.
Levine, M. (2014): *Pantheism. A Non-Theistic Concept of Deity.*
Lewis, C.S. (1974): *Miracles.*
Lewis, C.S. (2007): *Über den Schmerz.*
Lewontin, R. (1997): Billions and Billions of Demons. In: *The New York Review of Books. Vol. 44/1.*
Licona, M. (2019): Jesus's Resurrection, Realism, and the Role of the Criteria of Authenticity. In: D. Bock; E. Komoszewski (Hrsg.): *Jesus, Skepticism, and the Problem of History. Criteria and Context in the Study of Christian Origins.*
Linde, A. (2008): Inflationary cosmology. In: *Lecture Notes in Physics. Vol. 738.*
List, C. (2021): *Warum der freie Wille existiert.*
Llyod, S. (2007): *Programming the Universe. A Quantum Computer Scientist Takes on the Cosmos.*
Lord, C. et al. (1979): Biased Assimilation and Attitude Polarization. The Effects of Prior Theories on Subsequently Considered Evidence. In: *Journal of Personality and Social Psychology. Vol. 37.*
Luck, G. (2006): *Arcana Mundi. Magic and the Occult in the Greek and Roman Worlds.*
Lüdemann, G. (2002): *Die Auferweckung Jesu von den Toten. Ursprung und Geschichte einer Selbsttäuschung.*
Lüdemann, G. (2011): *Wer war Jesus? Theologisch-politische Interventionen.*
MacDonald, J.; Mullan, D.J. (2009): Big bang nucleosynthesis. The strong nuclear force meets the weak anthropic principle. In: *Physical Review D. Vol. 80/4.*
Mackie, J. L. (1982): *The Miracle of Theism.*
Mahner, M. (2018): *Naturalismus. Die Metaphysik der Wissenschaft.*
McLaughlin, R. (2024): *Wie Frauen Jesus sahen. Wie die ersten Jüngerinnen uns helfen, den Herrn kennen und lieben zu lernen.*
Mele, A. (2014): *Free. Why Science Hasn't Disproved Free Will.*
Mengarelli, F. et al. (2015): Cathodal tDCS over the left prefrontal cortex diminishes choice-induced preference change. In: *Cerebral cortex. Vol. 25/5.*

Metzger, B. M. (1980): *New Testament Studies. Philological, Versional, and Patristic.*

Mishra, J. (2020): *The Concept of Information in Biology. A Viewpoint different from Conventional Biology.*

Montefiore H. (2002): *The Paranormal. A Bishop Investigates.*

Moser, P. K. (2016): Divine Hiddenness and Self-Sacrifice. In: E. Stump; A. Green (Hrsg): *Hidden Divinity and Religious Belief. New Perspectives.*

Moser, P. K. (2017): Attributes of God. Goodness, Hiddenness, Everlastingness. In: D. Borchert (Hrsg.): *Macmillan Interdisciplinary Handbooks. Philosophy. Vol. 8.*

Moser, P. K. (2021): Moser, Paul K. (2021). Experiential Dissonance and Divine Hiddenness. In: *Roczniki Filozoficzne. Vol. 69/3.*

Mutalik, P. (2016): Is Infinity Real? In: *Quanta Magazine.* https://t1p.de/kscne.

Nagel, T. (1979): What is it like to be a bat? In: *The Philosophical Review. Vol. 83/4.*

Nagel, T. (1999): *Das letzte Wort.*

Nagel, T. (2016): *Geist und Kosmos. Warum die materialistische neodarwinistische Konzeption der Natur so gut wie sicher falsch ist.*

Nahmias, E. (2015): Why We Have Free Will. In: *Scientific American.* https://t1p.de/nma8h.

Neukamm, N. (2015): *Das Argument der „Feinabstimmung" der Naturkonstanten. Besprechung des Buchs „Welt ohne Gott?"* https://t1p.de/c1kba.

Newberg, A.; D'Aquili, E. G.; Rause, V. (2002): *Why God Won't Go Away: Brain Science and the Biology of Belief.*

Newsome, W. T. (2022): *Neuroscience, Faith & Free Will* [Podcast]. https://t1p.de/na4of.

Nowak, M. A. (2024): Ist Gott ein Mathematiker? [Audio-Podcast-Episode]. In: *Glaube ist frag-würdig. Der Podcast mit Denkangeboten für Skeptiker und Glaubende.*

Odgen, D. (2009): *Magic, Witchcraft and Ghosts in the Greek and Roman Worlds.*

Öhler, M. (2017): *Geschichte des frühen Christentums.*

Omerzu, H. (2022): Der historische Jesus: Kreuzigung und Auferstehung. In: M. Hofheinz; N. Neumann (Hrsg.): *Fragen an Jesus.*
Packer, J. I. (2019): *Gott erkennen.*
Page, D. N. (2011): Cosmological measures without volume weighting. In: *Journal of Cosmology and Astroparticle Physics. Vol. 10.*
Parzany, U. (2012): *Der Tod hat nicht das letzte Wort. Vortrag bei Pro-Christ in Bielefeld.* https://t1p.de/90a1d.
Penrose, R. (2004): *The Road to Reality. A Complete Guide to the Laws of the Universe.*
Persinger, M. A. (2002): Science and the Resurrection. In: *The Skeptic. Vol. 9/4.*
Plantinga, A. (1974): *The Nature of Necessity.*
Plantinga, A. (2011): *Where the Conflict Really Lies. Science, Religion, and Naturalism.*
Polkinghorne, J. C. (2014): Ein verstehbares Universum. In: C. Tapp; C. Breitsameter (Hrsg.): *Theologie und Naturwissenschaften.*
Raab, G. Unger, A.; Unger, F. ([5]2022): *Marktpsychologie. Grundlagen und Anwendung.*
Rees, M. (1999): *Just Six Numbers. The Deep Forces That Shape the Universe.*
Riesner, R. (2023): *Messias Jesus. Seine Geschichte, seine Botschaft und ihre Überlieferung.*
Roskies, A. (2011): *Why Libet's Studies Don't Pose a Threat to Free Will.* https://t1p.de/2fgpo.
Rowe, W. (1979): The Problem of Evil and Some Varieties of Atheism. In: *American Philosophical Quarterly. Vol. 16.*
Russel, B. (1921): *The Analysis of Mind.*
Scherer, S. (2020): *Was ein christlicher Biologe über Evolution denkt.* [Vortrag] https://t1p.de/6xt1d.
Schmid, K. ([3]2021): *Literaturgeschichte des Alten Testaments.*
Schnelle, U. (2014): *Theologie des Neuen Testaments.*
Schnelle, U. ([3]2019): *Die ersten 100 Jahre des Christentums. 30-130 n. Chr.*
Schnelle, U. ([9]2017): *Einleitung in das Neue Testament.*
Scholem, G. (2016): *Sabbatai Sevi. The Mystical Messiah.*
Seager, G. (2021): *The Routledge Handbook of Panpsychism.*

Shantz, C. (2009): *Paul in Ecstasy. The Neurobiology of the Apostle's Life and Thought.*
Smolin, L. (2007): *The Trouble with Physics. The Rise of String Theory, the Fall of a Science, and What Comes Next.*
Stenger, V. (2011): *The Fallacy of Fine-Tuning. Why the Universe Is Not Designed for Us.*
Strotmann, A. ([4]2024): *Der historische Jesus. Eine Einführung.*
Susskind, L. (2005): *The Cosmic Landscape. String Theory and the Illusion of Intelligent Design.*
Tacitus: *Annalen.*
Tegmark, M. (2015): Infinity Is a Beautiful Concept. And It's Ruining Physics. In: *Discover Magazine.* https://t1p.de/ovoli.
Tertullian: Speculum. Kapitel 30. In: A. Reifferscheid; G. Wissowa (1890): *Corpus Scriptorum Ecclesiasticorum Latinorum. Band 20.*
Tetens, H. (2018): Gott als Antwort auf Fragen, die wir nicht loswerden. In: Böhr, C.; Christoph, Gerl-Falkovitz, H.-B. (Hrsg.): *Gott denken. Zur Philosophie von Religion.*
Theißen, G.; Merz, A. ([4]2011): *Der historische Jesus. Ein Lehrbuch.*
Theißen, G.; Merz, A. (2023): *Wer war Jesus? Der erinnerte Jesus in historischer Sicht. Ein Lehrbuch.*
Thurow, R. (2010): *Enough. Why the World's Poorest Starve in an Age of Plenty.*
Thurston, H. (1920): *Limpias and the Problem of Collective Hallucinations.*
Travis, C.; Aronson, E. (2020): *Mistakes Were Made (but Not by Me). Why We Justify Foolish Beliefs, Bad Decisions, and Hurtful Acts.*
Van Der Horst, W. (1991): *Ancient Jewish Epitaphs. An Introductory Survey of a Millennium of Jewish Funerary.*
Vilenkin, A. (2006): *Many Worlds in One. The Search for Other Universes.*
Vlatko, V. ([2]2018): *Decoding Reality. The Universe as Quantum Information.*
Walsh, W. (1904): *The Apparitions and Shrines of Heaven's Bright Queen. In: Legend, Poetry and History from the Earliest Ages to the Present Time.*

Walzenbach, S. (2023): *„Menschen haben einfach gern recht“*. https://t1p.de/d2cca.
Walzenbach, S.; Hinz, T. (2022): *Jenseits von Fakten und Argumenten. Wie Mehrheitsgesellschaft und „Querdenker“-Bewegung Medieninhalte wahrnehmen.* https://t1p.de/feqkk.
Weidner, V. (2020): *Examining Schellenberg's Hiddenness Argument.*
Weidner, V. (2021): *Divine Hiddenness. Cambridge Elements Philosophy of Religion.*
Weinberg, S. (1994): *Dreams of a Final Theory. The Scientist's Search for the Ultimate Laws of Nature.*
Westen, D. et al. (2006): The neural basis of motivated reasoning. In: *The Journal of Cognitive Neuroscience. Vol. 18.*
Wheeler, J. A. (1996): *At Home in the Universe.*
White, H. (2016): Agony and ecstasy. Were Saint Paul's Christian beliefs a symptom of epileptic personality disorder? In: *Skeptic. Vol. 21/2.*
Wigner, E. (1960): *The Unreasonable Effectiveness of Mathematics in the Natural Sciences.* https://t1p.de/o2yn3.
Williams P. J. (2020): *glaubwürdig. Können wir den Evangelien vertrauen?*
Wright, N. T. (2011): *Das Neue Testament und das Volk Gottes.*
Wright, N. T. (2014): *Die Auferstehung des Sohnes Gottes.*
Wright, N. T. (2016): *Von Hoffnung überrascht. Was die Bibel zu Auferstehung und ewigen Leben sagt.*
Zeilinger, A. (2004): Why the quantum? “It” from “bit”? In: Barrow, J. D. et al. (2011): *Science and Ultimate Reality. Quantum Theory, Cosmology, and Complexity.*
Zeilinger, A. (2022): *Eine Reise durch die wunderbare Welt der Quanten* [Vortrag]: https://t1p.de/5ajio.
Zeilinger, A. (2023): So sieht Quantenphysiker Anton Zeilinger die Welt [Interview]. In: *Sternstunde Religion.* Minute 51:33. https://t1p.de/yzkoy.
Zeller, D. (2006): Erscheinungen Verstorbener im griechisch-römischen Bereich. In: ders. (Hrsg.) *Neues Testament und hellenistische Umwelt.*

Berührende Erlebnisse und starke Glaubenszeugnisse

Jeder von uns kennt wahrscheinlich nicht nur einen Menschen, der sich mit hartem Leid konfrontiert sieht. Und manchmal sind es sogar wir selbst, die Schweres durchleben müssen. Davon bleibt auch der eigene Glaube nicht unberührt. Dieses Buch vereint die realen Geschichten von Leuten, denen der Boden unter den Füßen weggerissen wurde. Alle diese Menschen erleb(t)en schwerstes Leid - und hielten trotzdem (oder gerade deshalb) an ihrem Glauben an Jesus fest. Wie das Leid ihren Glauben veränderte, davon berichten sie in diesem Buch.
Auch als E-Book erhältlich bei allen gängigen E-Book-Anbietern (ISBN 978-3-7615-6825-5).

Stephan Lange (Hg.)
Warum ich trotzdem glaube
Vom Zweifeln, Vertrauen und Kraftfinden in schweren Zeiten

gebunden, 168 Seiten,
ISBN 978-3-7615-6824-8

neukirchener